Schnölb!

Schnölb!

Das ~~große~~ kleine, aber feine
Eugen Egner
Lesebuch

*Neue rare Prosa &
assortierte Cartoons*

Mit wichtigen Gastbeiträgen von
F. W. Bernstein, Gerhard Henschel,
Harry Rowohlt u. a.

Herausgegeben von
Heiko Arntz

1. Auflage 2011

© Eichborn AG, Frankfurt am Main, September 2011
Umschlaggestaltung: Christina Hucke unter Verwendung des Cartoons
Königliches Amüsement von Eugen Egner
Ausstattung: Cosima Schneider
Gestaltung und Satz: Schneider. Visuelle Kommunikation, Frankfurt
Druck und Bindung: CPI – Clausen & Bosse, Leck
ISBN 978-3-8218-3687-4

Eichborn Verlag, Kaiserstraße 66, 60329 Frankfurt am Main
Mehr Informationen zu Büchern und Hörbüchern aus dem Eichborn Verlag
finden Sie unter www.eichborn.de

Herr Natürlich: »Das ganze Universum ist völlig wahnsinnig!«
Volker Fut: »Tatsächlich?«

Robert Crumb

Inhalt

I
Aus meinem knöchernen Reisetagebuch

—

II
Variationen über eine Brötchentüte

—

Harry Rowohlt:

—

—

Jürgen Roth:

—

—

Michael Tetzlaff:

—

—

The Times:

—

I

Aus meinem knöchernen Reisetagebuch

Reise mit Eltern

Meine Eltern reisten in die Hauptstadt. Sie begegneten Leuten mit und ohne Schnurrbart, verloren kein Wort, fuhren mit Querschnitten von Hochbahnen. Auf einfachen Stangen im Freien sitzend (mit dem Schirm auf den Knien), folgten sie dem Fluß. Sie liefen unter Eisenbahnbrücken hindurch. Ein Zug fuhr darüber, Räder, Dampf und Pleuelstangen drangen von oben durch.

An dieser Stelle ist es vielleicht ganz interessant zu wissen, daß ich ein Stück über den Köpfen meiner Eltern schwebte und mittels einer Schnur geführt wurde, die Mutter und Vater abwechselnd um den rechten Zeigefinger gebunden hatten. Man sprach davon, daß ich eingeschult werden müsse, aber wegen Untergewichts wohl zurückgestellt würde.

Werdegang

Zuerst wollten meine Eltern, ich solle Zirkusdirektor werden. Um mich spielerisch an diese Profession heranzuführen, sägte mir mein Vater einen Miniaturzirkus aus Sperrholz aus. Jahrelang lebte ich dem Zirkus. Als ich aber eines Nachmittags von der Knabenunterrichtsanstalt heimkehrte, standen in meinem gutgeheizten Zimmer (es glühte der mit dem ausgesägten Zirkus befeuerte Ofen) einige selbstgefertigte, mit Schweinsblasen und Cellophanbeuteln bespannte Trommeln. Ich sollte Trommler werden.

Eine Ballade

Um die Mittagszeit spricht ein Reitersmann bei unbescholtenen Leuten vor und begehrt die Tochter des Hauses zu sprechen. Die besorgten Eltern wollen wissen, weshalb, und erfahren, daß ihre Tochter Königin im Land des Reiters werden soll. Was ihr Kind denn dann zu tun hätte, fragen die Erziehungsberechtigten. Der Reiter behauptet, sie könne den ganzen Tag mit einem Gummiband spielen, wenn sie wolle. Wenn sie nicht wolle, könne sie es seinlassen. Obwohl die Eltern zugeben müssen, daß er nicht kleinlich ist, müssen sie ihn leider enttäuschen. Die Ambitionen ihrer Tochter gehen nämlich in eine völlig andere Richtung. Sie träumt davon, mit zwei riesigen Ostereiern in einem kleinen Karton zu leben. Nein, damit kann der Reiter nicht dienen, das sieht er ein.

Niemand wurde zur eierlegenden Königin vorgelassen.
»Aber hier steht's doch«, rief er verzweifelt,
»ohne mich legt sie nur Windeier!«

Eine bessere Welt

Walburgas Streben nach Harmonie war grenzenlos. Bei geöffneten Fenstern hatte sie quer durch ihre Wohnung Gummibänder gespannt, die nun von der Zugluft sanft berührt und zum Klingen gebracht wurden. Diesen unterschiedlichen, aber durchweg milden Klängen lauschte Walburga andachtsvoll, lag dabei nicht selten stundenlang auf ihrem teuren Schurwollteppichboden. Es kam die Zeit, da hätte sie gern Gummibänder von ihrem Balkon zu dem des gegenüberliegenden Hauses gespannt, aber das sollte für immer ein Wunschtraum bleiben.

In der Tanzschule

Neunzehn hoffnungsvolle junge Menschen hatten sich in der Tanzschule eingefunden. Die meisten hatten bei der Anmeldung falsche Namen angegeben. Dem Tanzlehrer war das egal. Er klemmte sie sich nacheinander zwischen die Knie, spuckte auf ihre Köpfe und frisierte sie straff und streng. »Musik!« befahl der Tanzlehrer. Seine Frau setzte eine Kreissäge in Betrieb. Nach und nach zersägte sie das gesamte Mobiliar in kleine, handliche Stücke. Dazu tappten die neunzehn jungen Leute im Kreis herum, und der Tanzlehrer schrie aus Leibeskräften. Nach zwanzig Minuten wurde die Säge abgestellt, es war kein Holz mehr da. Der Tanzlehrer schickte seine Schülerinnen und Schüler nach Hause. Er rief ihnen nach: »Nächstes Mal bringt jeder einen Schrank mit!«

Schön waren die Abende,
an denen ich meine Freundin mitbringen durfte,
die dann gemeinsam mit dem Großvater erklecklich rhapsodierte.

Drahtmusik

Die Frau regte sich gespenstisch im Feuerschein, von oben drang fahles Licht durchs Rauchloch. Sie spielte mir Musik vor, die sie mit einem Stück Draht in ihrem Kopf empfangen und wie aus dem Radio auf Band aufnehmen konnte. Dazu brauchte sie nicht einmal eine Neurosteckdose im Genick! Sowie sie ihren Kopf in eine bestimmte Schräglage brachte, machte es »Ay-ja-jaka-böwaka«, und das Licht wirkte hölzern.

Ihr Vater war Amateur-Hirnphysiologe gewesen. Während ihrer Kindheit hatte er sie, etwa wenn Besuch kam, auf den Tisch gestellt und ihr an bestimmten Stellen Drähte in den Kopf gesteckt. Indem er ganz schwachen Strom auf die Drähte gab, löste er verschiedene Reaktionen bei ihr aus. Sie begann zum Beispiel Körperpflege zu treiben, zu essen oder zu schlafen. Einmal reizte ihr Vater eine Region im Zwischenhirn, die er besser nicht gereizt hätte. Das Mädchen machte einen langen Hals, ihre Haare sträubten sich, sie fing an, laute Alarmschreie auszustoßen, und geriet in Panik. Sie erhob sich in die Luft und flatterte ziellos und kreischend vom Tisch. Dabei riß sie sich die Drähte heraus. Einer brach ab, und ein Stück davon blieb in ihrem Kopf zurück. Es störte sie nicht, daher wurde es drinnengelassen. Seither konnte die Frau jene seltsame Musik empfangen. Leider nur in Mono.

Landpartie zu dritt

Ich weiß noch genau, wie wir zu dritt über Land gingen. An einem gepflügten Acker vorbei, nirgends eine Straße oder ein Gebäude, sondern nur mannshohes Gras am Wegesrand und rote und blaue Blumen. Schon damals war mir klar, daß es mir bei noch so großer Anstrengung später nicht möglich sein würde, davon eine vernünftige Naturschilderung zu geben. Und so ist es jetzt auch: Was für eine erbärmliche Beschreibung habe ich da zusammengemurkst – jeder mittelmäßig intelligente Schüler einer Anfängerklasse könnte es mindestens ebenso.

Mit einer Wiedergabe der drei über Land gehenden Personen fürchte ich noch weniger Anerkennenswertes leisten zu können. Nicht, daß die Konterfeis der Akteure unbedingt so miserabel wie die Naturstudie ausfallen müßten – Personendarstellung liegt mir Stubenhocker immerhin weit mehr als jede Landschafterei –, nein, es ist vielmehr die für den Leser mangelhafte Glaubwürdigkeit meiner Ausführungen. Ich müßte nämlich berichten, daß wir ein Erpel, ein Huhn und ein Kaninchen waren. Obwohl ich detailliert angeben könnten, wie wir gekleidet waren, vermag ich nicht mehr mit Bestimmtheit zu sagen, welcher von den dreien ich war.

Aus der Verhaltensforschung: Vielleicht sagt er was.

Die Kolonie

Das Land war seit Menschengedenken von jedem hergelaufenen Grobian unterworfen und ausgebeutet worden. Nach vielen Jahrhunderten solcher Abnutzung war es total verbraucht, fadenscheinig, dünn und brüchig. Alles sah grob und blaß aus, sämtliche Gegenstände hatten auf der linken Seite dicke, weiße Schatten. Mit diesem Land war nichts mehr anzufangen. Also rissen es die neuen Kolonialherren vor ihrem Einmarsch gleich einer alten Decke herunter. Ein neues, unverbrauchtes kam zum Vorschein, mit dessen neuen, undurchschaubaren Realitätsverhältnissen die Besatzungsmacht seither nicht zurechtkam. Was es mit den Ureinwohnern auf sich hatte, blieb völlig ungeklärt. Sie sahen alle aus wie Frauen, hellhäutig und blondlockig. Es wurde vermutet, die Größeren seien die Frauen.

Am Küchenfenster

Es war seit vier Tagen keine Post gekommen, und ich machte etwa eine Stunde lang mein ›Keine Post‹-Gesicht. Innerlich vernichtet, starrte ich aus dem Küchenfenster. Während ich so stand und starrte, nahm ich wahr, daß der Nachbar aus dem Häuschen nebenan mit trotzigem Blick vorbeiging. Hatte auch er keine Post bekommen? Nein, er wollte sein Kraftfahrzeug holen, das er am Vortag in einiger Entfernung hatte abstellen müssen, weil sein angestammter Parkplatz von Fremden besetzt gewesen war. So etwas kommt immer wieder vor und sorgt für großes Herzeleid. Verbittert ging der Mann seines Wegs, ohne nach links oder rechts zu sehen.

Ein Geräusch lenkte mich ab. War es die irre Hoffnung, es könne vielleicht doch noch Post kommen, die mich das Klappern des Briefkastens hören ließ? Eiliges Nachforschen verfestigte nur die Züge meines oben genannten Gesichtsausdrucks. Es war ein Irrtum gewesen. Der Briefträger hatte kein Einsehen gehabt, und ich beschloß, an all den Lumpen, die mir wieder keine Liebesbriefe und Schecks geschickt hatten, Rache zu üben. Mit der ›Ich mach euch alle fertig‹-Variante des ›Keine Post‹-Gesichtes kehrte ich zum Küchenfenster zurück. Der erste Blick, der sich durch die dreckigen Scheiben gearbeitet hatte, ließ auf die unerklärliche Art und Weise, die diesen Vorgängen eigentümlich ist, in meinem, wie sich's gehört, am Hinterkopf gelegenen Sehzentrum ein unerwartetes Bild entstehen: Das Auto des Nachbarn stand zweimal da. Direkt hintereinander das gleiche, ja: dasselbe Fahrzeug. Da hatte der Mann das Auto geholt, nicht wissend, daß seine Frau dies bereits getan hatte. Das kommt davon, wenn die Ehepartner nicht vernünftig miteinander reden und so dumpf nebeneinander herleben. Nun stand der Wagen also in doppelter Ausfertigung vor dem Haus. Eine häßliche

Auseinandersetzung zwischen den Eheleuten dürfte wohl die Folge gewesen sein. Aber typisch Mann: Er wollte seine Fehlleistung nicht zugeben. Ganz offensichtlich hatte er das Nummernschild des von ihm geholten Kraftfahrzeugs manipuliert, denn die identischen Wagen trugen unterschiedliche Kennzeichen.

Das beschäftigt die Amerikaner

Wurde Joseph Haydn im US-Bundesstaat Missouri als sogenannter Neger wiedergeboren? Einiges spricht dafür, daß ein heute neunzehnjähriger Schwarzer eine Reinkarnation des Komponisten der deutschen Nationalhymne sein könnte. Mit sechs Jahren hat der Amerikaner eine Sinfonie mit dem Titel ›Die Taschenlampenbatterie‹ geschrieben, nachdem er von Geburt an ein österreichisch-ungarisches Gehabe an den Tag gelegt hatte, ohne hierfür ein greifbares Vorbild gehabt zu haben. Nachweislich hat er in zartestem Alter Ausdrücke wie »Paradeiser« oder »Bittschön« benutzt.

Was Historiker und Genetiker allerdings nachdenklich stimmt, ist die Aussage des jungen Schwarzen, er sei in sagenhafter Vorzeit wiederholt »zu Fuß nach Köln gegangen«.

Eine andere Geschichte

Eine Frau und ein Mann stellen fest, daß sie einander früher gekannt hatten. Ihre Familien waren damals wöchentlich an einer Meerenge zusammengekommen, eine jede an ihrem Strand stehend. Die Frau hatte dann den Mann am gegenüberliegenden Gestade mit einem langstieligen Kamm gekämmt.

»Nie darfst du lernen, dich selbst zu kämmen«, waren ihre Worte zu ihm gewesen, »denn dann würden wir uns nicht mehr an der Meerenge treffen.«

Zugunsten einer Karriere im Bankfach mußte er es aber doch lernen. Die Frau war daraufhin mit ihrer Familie ausgewandert.

Grenzübertritt (I)

Ein kleines Gebäude links von der Schranke, Verbotstafeln, Hinweisschilder. Einreisende hatten im Zollbüro vorzusprechen. Meine Begleiterin schritt auf das Häuschen zu, ich folgte ihr ängstlich. Drinnen schrien zwei Grenzbeamte mit angeborenen Zigaretten in ihre Telephonhörer. Als sie unsere Schritte hörten, drehten sie sich um, lächelten und machten wortlose Gesten, während sie weiter in ihre Hörer schrien. Die Gesten besagten: ›Wer einreisen will, ist zu einer Wurmkur und einer prophylaktischen Schnellbehandlung gegen Hautparasiten verpflichtet.‹

Letztere wurde zuerst vorgenommen. Drei Tropfen einer widerlich stinkenden Flüssigkeit mußten in die Haut zwischen den Schulterblättern einmassiert werden, weil diese Stelle nicht mit der eigenen Zunge erreichbar ist. Wider Erwarten erreichte ich sie doch irgendwie. Mir wurde sterbensübel. Als es mir nach einer Stunde besser ging und ich Nahrung verlangte, erhielt ich Marzipan, in das man heimlich das Wurmkur-Medikament eingearbeitet hatte. Da ich nie davon erfuhr, verlief die Maßnahme störungsfrei.

Neues von Frau Oberste-Katzenrath

Nach erst einjährigem Bestehen hat die Oberste-Katzenrath-Stiftung, deren Ziel es ist, Leben und Werk der Komponistin zu erforschen, auszuwerten und einer breiten Öffentlichkeit zugänglich zu machen, bereits beachtliche Ergebnisse ihrer Tätigkeit vorgelegt. So kann heute als gesichert gelten, daß Oberste-Katzenrath sich als Kind häufig totgestellt hat und daher verspätet eingeschult wurde. Nachgewiesen ist weiterhin, daß sie jeder ihrer kurzen (nicht aber den langen) Partituren ein Ragoût fin vorangestellt hat. Allerdings erscheinen gewisse Spekulationen eher überflüssig, etwa die, ob die Komponistin wohl Haare auf der Brust hatte oder nicht.

Der berühmte Bariton will uns glauben machen,
er habe sich den Finger beim Notenblättern und
nicht am Gesäß der Brünhilde-Darstellerin geklemmt.
»Das kann jeder behaupten«, sagen wir,
kaufen auch seine Schallplatten nicht.
Seine umstrittenen Aufnahmen anthroposophischer
Trinklieder ignorieren wir.

Sprich, Erinnerung, sprich!
Aus der Kindheit

Ich hatte den Kleiderschrank mit einem kleinen Bohrer gründlich durchlöchert, als mich ein zum Fenster hereinfliegender Schneeball aufs Maul traf. Draußen lachten die Elektriker, sie hatten den Schneeball geworfen. Ständig führten sie etwas gegen mich im Schilde. Was nützte es, daß ich immer wieder einen, der sich durch besondere Frechheiten hervortat, tüchtig hernahm und mit dem Schäufelchen durchwalkte? Es nützte nichts. Vielmehr schikanierte man mich bei jeder Gelegenheit, band mir etwa Schleifen ins Haar und weidete sich an meinem Zorn. So konnte es nicht weitergehen in alle Ewigkeit, deshalb ordnete ich den Umzug in eine andere Gegend an. Ergeben luden meine Eltern den Hausrat auf einen grünen Lkw, und nachdem ein Abschiedsphoto gemacht worden war, traten wir die Reise an. Mich traf aber kein Vorwurf, obwohl wir unser Zuhause doch meiner Willkür geopfert hatten. Im Gegenteil: Meine Eltern waren sogar froh, denn im Haus ging ein toter Mühlknecht um.

Während der Fahrt verweigerte ich jede Nahrung und unterdrückte alle Ausscheidungen. Ja, ich schwor mir gar, mich weder konfirmieren noch zum Militärdienst einziehen zu lassen.

*Ein Mann hantiert an einem Tonbandgerät herum
ohne zu wissen, womit er es zu tun hat.
Nichtsahnend bringt er eine bedeutende Musikaufnahme
vom Gesang der drei kleinen Schweinchen zustande
und wird vom Bürgermeister mit einem Radiogeschäft belohnt.*

Grenzübertritt (II)

Diverse Papiere wurden ausgestellt, ein Beratungsgespräch mit dem Zollpsychologen im Keller wurde angeordnet. Wir stießen auf einen reizenden alten Herrn mit dickglasiger Brille, zitternden Händen und verschiedenen Pappschachteln. Nach einem kurzen Getuschel bat der Psychologe meine Begleiterin und mich, ein paar Zeitschriften zu zerreißen. Untersuchungen der Rückenmarksflüssigkeit und unzählige EEGs deutete er nur mit den Händen und seinem Hut an. Dann schickte er uns wieder fort. Unser Eigenleben war in diesem Keller nicht erloschen. An der Kasse waren DM 97,– zu bezahlen, die Schranke hob sich. Wir fuhren hinüber und sangen:»Das ist das Leben, das irdische Leben mit Schirm, Hut und Hoffnung.«

Würmer und Hautparasiten machten einen großen Bogen um uns. Ohne die Hilfe von Land- oder Straßenkarten fuhren wir und orientierten uns ausschließlich an den alten Hosen der gescheiterten Kartographen, die jetzt im Sand verwitterten und geographische Fakten darstellten.

Die unfehlbare Methode

Der Erfolgsautor hatte eine unfehlbare Methode entwickelt, den Ruhm auf sich zu verpflichten. Jede literarische Arbeit, die er ins Werk setzte, gelang, weil seine Hauptpersonen grundsätzlich kleine häßliche Mädchen waren. So etwas kam damals an bei Verlegern und Publikum. Unzählige Episoden entflossen der Feder des Erfolgsautors, und alle besangen den Kampf der unschönen Protagonistinnen gegen bösartige dicke Männer. »Sinnstiftend« und »jugendveredelnd« nannten überparteiliche Gremien die Arbeit des Erfolgsschriftstellers. Dieser wurde nicht müde, seine mal an Schiffsmasten gebundenen, mal durch englische Vorstadtstraßen watschelnden und mit Cembali werfenden Heroinen von Sieg zu Sieg zu führen, bis sämtliche bösartigen dicken Männer der Welt unterworfen waren.

Beim Kultplattenhändler

Am Morgen hatte der Kultplattenhändler seinen Laden verändert vorgefunden. Der Schlüssel paßte nicht mehr, ein fremdartiges Schild mit unlesbarer Aufschrift hing über dem Schaufenster, und die Auslage dünkte ihn seltsam. Waren Außerirdische eingedrungen und machten Inventur? Konnte der eigentliche Laden unter dieser kryptischen Oberfläche kraft der ihm innewohnenden Intelligenz nicht zum handelnden Multi-Charakter geworden sein, irgendwo da draußen? Was wurde dann aber mit der Umsatzsteuer? Der Händler beschloß einen Gegenzauber: »Ich lasse mir beim Schreiner einen maßstabgetreuen Miniaturladen bauen. Zeugen Jehovas auf Traktoren helfen mit, das auf einem einbeinigen Tisch stehende Ladenmodell über die Straße zu bewegen, während ich mit Stricknadeln hineinsteche.«

*Pech für Frank: Ohne Kassenzettel kein Umtausch
und kein Geld zurück.*

Das Mutterhuhn und Franz Schub

Wie so oft damals kamen die beiden auch an diesem Abend in Franz Schubs bescheidener Almhütte zusammen. Das Mutterhuhn schob die ausgestopften Ziegen beiseite und trat zu Schub in die Stube. Der saß vor einem Loch im Boden und sah grübelnd in den Abgrund hinunter. Erst als das Mutterhuhn die Tür von innen verriegelt hatte, blickte er kurz auf:

»Hast Kuchen mitgebracht?«

Ja, das Mutterhuhn hatte Kuchen mitgebracht. Indem es Schub ein Stück davon gab, sprach es: »Das ist von der Tante. Nächste Woche gibt's wieder welchen von der Oma.«

»Mir egal«, sagte Franz Schub, und weg war der Kuchen.

Richard

Richard geht arglos durch eine liebliche Gegend. Ganz unerwartet schlägt eine Schreibmaschine nahe bei ihm in den Boden ein. Gleich darauf noch eine und noch eine. Die Farbbänder sind noch gut, und Richard steckt sie in die Gesäßtasche.

Sind alle Männer so?

Die Frau bemängelt bei ihrem Eintritt ins Wohnzimmer, daß das Radio »völlig hinüber« sei, und will von ihrem Mann wissen, was er denn damit gemacht habe. Der Mann antwortet trotzig, er habe mit dem Hammer draufgehauen, und gibt, nach dem Grund dafür befragt, an, es habe »so frech geguckt«.

In der Silvesternacht

Müllvermeidend und kostensparend sind die Silversterbräuche der Nachbarhausbewohner. Kommt die Jahreswechsel-Mitternacht, werfen sie unermüdlich Gartentor und Haustür zu. Als sie um vier Uhr früh immer noch nicht damit aufhören, schießt sie ein empfindlicher Anwohner über den Haufen. Wer glaubt, daß dann endlich Ruhe ist, hat sich getäuscht.

Junggesellenjahre

Wir trieben uns herum.

Einer von uns warf eine leere Markenlikör-Flasche
nach dem Mond, traf aber nicht.

Der andere pinkelte die Eingangstür der häßlichen
neuen Sparkasse an.

Auch besuchten wir einander häufig.

Wir saßen bis nach Mitternacht beisammen.
Dabei kam nie etwas heraus.
Wir standen einfach vor dem Nichts.

DIE INSZENIERUNG
DES LAUFENDEN WAHNSINNS
Von Gerhard Henschel

—

Im Sommer 1988 erschien in der Literaturzeitschrift ›Der Rabe‹ eine kleine Bildergeschichte zum Thema »Junggesellenjahre« von Eugen Egner, und mit dieser Einstiegsdroge begann meine Laufbahn als Egnerianer. Bis heute hat die Geschichte, mit der alles anfing, nichts von ihrem magischen Naturalismus, ihrer Komik und ihrem subtilen Pathos eingebüßt. »Wir trieben uns herum«, steht unter dem ersten Bild, auf welchem zwei gedrungen wirkende, höchst nachlässig frisierte und eventuell sogar angetrunkene Junggesellen zu beobachten sind, die eine regennasse und nachtdunkle Stadtkulisse durchwandern und willkürlich das Zahnfleisch blecken. Das zweite Bild zeigt einen der beiden Burschen in unvorteilhaft gebückter Haltung; er scheint irgend etwas fortgeschleudert zu haben, der Wurfarm pendelt aus, die Haarsträhnen zotteln verwildert umher, und jeder intelligente Gesichtsausdruck ist dahin: »Einer von uns warf eine leere Markenlikör-Flasche nach dem Mond, traf aber nicht.« Wie das Leben so spielt. »Der andere pinkelte die Eingangstür der häßlichen neuen Sparkasse an.«

Über einen Mangel an staaterhaltend imposanten, vorsätzlich mit todernster Bedeutung aufgeblähten Großkunstwerken konnte sich noch nie jemand beklagen; um die beiläufige und detailverliebte Abbildung von Junggesellen, die ihren Harnstrahl gegen häßliche neue Sparkassentüren richten, hat sich in der Kunstgeschichte des 20. Jahrhunderts erst Eugen Egner gekümmert. »Auch besuchten wir einander häufig«, heißt es, und dann sehen wir die beiden Junggesellen in einer irritierend gutbürgerlich eingerichteten Stube am Tisch sitzen, wiederum das Zahnfleisch blecken und ins Leere starren:»Wir saßen bis nach Mitternacht beisammen. Dabei kam nie etwas heraus. Wir standen einfach vor dem Nichts.«Wer jemals an einem beliebigen Donnerstagabend den Sinn des Lebens plötzlich nicht mehr dingfest machen konnte und nicht bereits als weltanschaulich vollkaskoversicherter Beamter zur Welt gekommen ist, wird wissen, was damit gemeint ist. Ich persönlich war begeistert, ja regelrecht high; und ich bemühte mich, mehr über diesen Herrn Egner zu eruieren, der so präzise und makellos authentisch auf Komma, Punkt und Strich gebracht hatte, was auch meine eigenen Junggesellenjahre bisweilen an bescheidenen, in Markenlikör oder Aralshopbier getauchten Wohlstandsnöten heraufzuführen pflegten, wenn es hart auf hart ging.

Aus den Autorenangaben des ›Raben‹ ging hervor, daß Eugen Egner 1951 in Ingelfingen geboren worden sei und heute in Wuppertal lebe:»Als Maler und Zeichner ist Egner Autodidakt, der Tag und Nacht um Stil und Technik gerungen hat. Fast so zäh wie van Gogh, wenn auch mit gänzlich anderen Resultaten und gottlob immer noch mit beiden Ohren.«1989 trat Herr Egner dann auch erstmals in Deutschlands führenden Hochkomik-Zeitschriften ›Kowalski‹ und ›Titanic‹ hervor, deren Leserschaft er seitdem in schöner Unregelmäßigkeit mit immer groteskeren Zeichnungen und Texten versorgt.

Denn schreiben kann Herr Egner ebenfalls wie so leicht kein zweiter:»Auf dem Humus meiner sträflichen Nachgiebigkeit gediehene widrige Umstände haben dazu geführt, daß ich insgesamt drei Wohnungen bewohne und bezahle«, hebt zum Beispiel seine Kurzgeschichte ›Der geprellte Liebhaber‹ an, deren Titelheld im Verfolg seines Martyriums»nackt in einen katholischen Gottesdienst eindringen« muß, sich bald darauf»kompensatorisch trunken auf einer defekten Campingliege mit Schottenmuster« windet und zu jeder Schandtat bereit ist, um »die erotische Gewogenheit der Spröden zu erringen«, die er liebt. »Weil ich meine, dies sei die angebrachte Verhaltensweise, warte ich hündisch bei ihren zurückgelassenen Schuhen auf ihre Wiederkunft, die dann aber enttäuschend ausfällt. Obwohl ich ihr täglich geschrieben und ihr unzählige Pakete mit Spezereien an wechselnde Auslandsadressen geschickt habe, kanzelt sie mich am Bahnhof grob ab, als ich sie herzlich willkommen heißen will. Ich habe bereits vorsorglich Geld für eine weitere Abtreibung beiseite gelegt. Daheim schilt sie mich heftig ob der durch das Unterstellen meiner Möbel entstandenen Enge und Unbehaglichkeit.«

Wie Eugen Egner als Erzähler in diesem penibel durchgehaltenen, nahezu asbach-uraltväterlich hohen Ton von immer konfuseren, schamlos blödsinnigen Vorfällen berichtet, läßt er sich mit wachsender Meisterschaft auch als Zeichner immer öfter von einer speziellen Traumwelt des Wuppertaler komischen Surrealismus inspirieren, wo Mutanten mit bizarren Pferdenasen, Schlappohren und Panzerknackerbrillen umgehen, sich mit selbstgefertigten Pillen gegen fettige Haare vergiften, in Konservendosen die Gesänge der drei kleinen Schweinchen aufbewahren, Häuser zersägen, mit Weißbroten Polaroidfotos anzufertigen versuchen und Vokabeln ausstoßen wie »Fanse«, »Fratt!«, »Kaboina«, »Schnölb« und »Verbubich«, während winzige Autofahrer, Schrumpfköpfe und fliegende Hunde zusätzlich ins Bild streben.

Nahezu alle Geschöpfe Eugen Egners sind alkoholkrank. »Wir tranken, bis auf meiner Jacke ein Feuchtbiotop entstand«, bekennt einer der am schönsten gelungenen, ein klobiges, verschwitztes Individuum mit geröteter Nase, das sich in Gesellschaft hemmungslos wandelnder Schnapsleichen befindet und sich fast den Hals bei dem Versuch verrenkt, einen Blick auf das ominöse Feuchtbiotop auf dem eigenen Jackenrücken zu werfen. Am exzessivsten hat Egner das für komische Effekte überaus ergiebige Thema Suff in seinem Buch ›Aus dem Tagebuch eines Trinkers – Das letzte Jahr‹ (Haffmans Verlag) variiert:

»27. 2. Wegen Henriette in der ›Schimpansenbar‹. Verbrüderungsszenen im Keller, Whisky aus Schuhen, zuletzt wieder so eine dreiste Person rittlings auf mir. Nach heimischer Badewanne gesehnt (Eierlikör-Oberkörpereinreibungen), später des Nachts urethrale Schikanen … 9. 6. Der Arzt macht mir Hoffnung; ich höre, wie die Urologen lachen. Heute zum ersten Mal versehentlich Wein in die Pfeife geschüttet … 2. 7. Stimme aus der Steckdose gehört. Werde ich wahnsinnig? Wein, Wein.«

Dann schrieb ich im Dezember 1991 für den Berliner ›Tip‹ ein gegen Klassenfahrten und Betriebsfeiern gerichtetes Pamphlet, und der von Eugen Egner hierzu beigesteuerten Illustration war wieder einmal anzusehen, daß der Zeichner sich minuziös mit den verheerenden Folgen übermäßigen Alkoholgenusses beschäftigt haben mußte. In diesem Zusammenhang kam es auch zum ersten Telefonkontakt zwischen Herrn Egner und mir. Bis dahin wußte ich über ihn ja nicht viel mehr, als daß er, s. o., immer noch zwei Ohren hatte, und viel mehr schienen auch seine operativen Einsatzleiter nicht zu wissen. »Seit ungefähr drei Jahren unterhalte ich als Mitarbeiter der ›Kowalski‹-Redaktion regelmäßigen Brief- und Telefonverkehr mit Herrn Eugen Egner«, hatte Hans Kantereit im Vorwort zu dem Cartoon-Sammelband ›Glücklich ist, wer vergißt, daß er nicht zu retten ist‹ (Semmel Verlach) bekanntgegeben. »Das bedeutet allerdings nicht, daß ich mehr über ihn wüßte als zum Beispiel Sie, der Sie gerade sein Buch in der Hand halten. Herr Egner ist, und das ist sein gutes Recht, ein geheimnisvoller Patron.«

Inzwischen weiß ich etwas mehr, denn kurz nach Weihnachten habe ich Herrn Egner in seinem gut versteckten Wuppertaler Domizil, wo er strikt inkognito seine Geniestreiche ausheckt, einen Antrittsbesuch abgestattet. Wer annimmt, daß nur animalisch rauhbeinige, habituell zwischen Vollrausch und Katzenjammer changierende Kotzbrocken und Grobiane in der Lage seien, ihren Lebensunterhalt mit Abbildungen und Schilderungen egnerianisch durchgedrehter Tollhauswelten zu bestreiten, unterliegt dem populären Irrtum, daß die künstlerische Inszenierung des laufenden Wahnsinns nur von Wahnsinnigen bewältigt werden könne. Wie spärlich das Wissen um die Tatsache verbreitet ist, daß überwiegend die saure Arbeitskraft systematisch ausgenüchterter Buchhaltertypen und Stubenhocker Verwendung findet, wenn es darum geht, in Wort und Bild Chaotisch-Komisches aufzubereiten, erhellt aus jedem zweiten Leserbrief.

Jedenfalls erwies Herr Egner sich als überaus höflicher, zuvorkommender, bescheiden-bedächtiger Nichtraucher und Teetrinker gar von eher ephebenhafter, ja fast zarter Figur und Konstitution, der sich von Vollkornbrot und Oliven ernährt; und dazu paßt auch seine briefliche Auskunft, daß er sogar in seiner »wilden Zeit«, in den hinter ihm liegenden Jahren »der unausgesetzten Ekstasen und nicht enden wollenden Räusche«, sorgfältig darauf geachtet habe, »immer eine Kinderzahnbürste und eine Tube Donald-Duck-Zahncreme in der Jackettasche« mit sich zu führen, »in die von alters her eigentlich ein Schmuckschnupftuch gehört hätte. (Es war die Hochzeitsjacke meines Vaters.)«

In der picobello aufgeräumten Küche – daß Genies wie die Schweine zu leben hätten, ist ein Gerücht, das Klaus Kinski in die Welt gesetzt hat – servierte er mir Plätzchen und schilderte mit gefaßter Stimme die allerunglaublichsten Begebenheiten aus seiner bewegten Vergangenheit, seine abgebrochene Karriere als Hardrockgitarrist, seine Zeit als Bewohner eines Eisenbahnwaggons, seine Förderung durch Loriot und seine Erfahrung als Zeichner für die ›Sendung mit der Maus‹, als Ingenieur von Marzipanpyramiden und als bienenfleißiges Arbeitstier. »Was ich da momentan wieder zeichnen, spachteln, buntmalen, zwischendurch ersinnen und dann kalligraphieren, nochmals konturieren, schattieren und deckweißhöhen muß, geht innerhalb so kurzer Zeit auf keine Kuhhaut und lastet meine geringe Leistungskapazität voll aus. Der Dank sowie die Liebe des Publikums werden mir hoffentlich zuströmen (am liebsten in Form von Bargeld).«

Tatsächlich ist sein Ruhm in jähem Wachstum begriffen; vier neue Werke sollen noch 1992 erscheinen (die Bildergeschichte ›Der künstliche Mann‹ und der Prosaband ›Als der Weihnachtsmann eine Frau war‹ im Haffmans Verlag, die ›Meisterwerke der grauen Periode‹ im Verlag Weisser Stein und ›Das Blöken der Blumen‹ im Semmel Verlach); soeben hat ›Tempo‹ Egners Werke mit Recht als »einzigartig« gefeiert, die Sekundärliteraturliste wird immer länger, der Marktwert steigt, erste Fanclubs treten bereits aus der Gründungsphase heraus, und Eugen Egner freut sich darüber, daß er vorher noch Zeit genug hatte, seine Charakterfestigkeit auf vergleichsweise hohem Niveau zu stabilisieren: »Man lernt und wächst! Herrlich, ein Schöngeist zu sein!«

Daß er seine Telefonnummer streng geheimhält und sich füglich davor hütet, öfter als unbedingt erforderlich das Haus zu verlassen und sich unter die Menschen zu mischen (»Meine Artgenossen sind mehrheitlich Vollidioten«), indiziert eine Vorsicht, die nicht unbegründet ist, hängt aber auch mit Egners liebevoll kultivierter Neigung zur Häuslichkeit zusammen. Wie alle großen Künstler verabscheut er von Herzen die Reiserei: »Vom Alltagsleben, wo man sich immerhin alles einigermaßen eingerichtet und zurechtgelegt hat, unterscheidet sich dieser selbstquälerische Ausnahmezustand vor allem durch die den ganzen Tag in Anspruch nehmende Sorge um Ernährung und sonstige Notdurft. Und: Werde ich heil zurückkehren? Nie und nimmer wird die Unterwäsche ausreichen, was einen entsprechenden Panikkauf zur Folge hat. Ein Vermögen gebe ich aus für Unterhosen, die dann doch alle zu klein sind.«

Als ich nach drei hochinformativen Stunden auf die erloschene Vorstadtstraße trat und wieder davonfuhr, hatte ich übrigens auch erfahren, daß zu den Leitfiguren in Eugen Egners persönlichem Elysium neben Robert Crumb, Karl Valentin, Wilhelm Busch, Flann O'Brien, Alexander Buckauer, Jean Paul, Jimi

Hendrix, Walter Kempowski, Carl Barks, E. T. A. Hoffmann, Groucho Marx, Horst Janssen und dem Monty-Python-Zirkus der Erzähler Kurt Kusenberg gehört. Inzwischen habe ich nachgeschlagen und eine 1962 entstandene Geschichte von Kusenberg entdeckt, die den Titel ›Eugen‹ trägt und über Zeit und Raum hinweg die intrikatesten Querverbindungen zu Egners glorreichem ›Tagebuch eines Trinkers‹ aufweist.

Mächtig schreitet die Egner-Forschung voran! Und die Abhängigkeit nimmt zu!

Seit meinem Antrittsbesuch stehe ich in regem Briefkontakt mit Herrn Egner und erwarte stets mit bedeutender Aufregung den Postboten, der mir immer höher dosierte Egneriana ins Haus trägt; hektographierte Kunstbeilagen, hypnotisierende Großaufnahmen seiner Augenpartie sowie zahlreiche, für jeden danach Süchtigen unschätzbar wichtige Hintergrundinformationen über Eugen Egners literarisches Ideal (»Mein Ideal ist, sowohl beim Lesen als auch beim Schreiben ein ganz bestimmtes zerebrales Gefühl zu verspüren und mir in hoher Begeisterung und heiligem Eifer völlig verdutzt selbst auf die Schenkel zu schlagen, eventuell dabei sogar ›jawoll‹ auszurufen«) und seine eigenes Suchtverhalten (»Mein großes Drogenproblem besteht ja darin, daß ich keine mehr vertrage und wahrscheinlich nicht mal mehr brauche«). Egner über Egner: »Nein: so unbedingt macht den *keine* Droge abhängig! Ist E. selbst eine?«

Auf jeden Fall. Da ihr Konsum nach dem heutigen Kenntnisstand der Egner-Forschung freilich keine ärgeren Gesundheitsfolgen zeitigt als ein leichtes Fingerzittern und ein unerkliches, intensives Glücksgefühl, hält sich mein Ehrgeiz, jemals wieder clean zu werden, in dramatisch enggesteckten Grenzen. Wieviel ließ sich noch über dieses Thema sagen! »Aber wie es so zu gehen pflegt, ist plötzlich alles aus« (Eugen Egner).

(Frankfurter Rundschau, 7. März 1992)

Aus meinem knöchernen Reisetagebuch

Auf der Buchmesse 1991 faßte die ›Kowalski‹-Redaktion einstimmig den Beschluß, fortan keine Honorare mehr an freie Mitarbeiter zu zahlen, diese dafür aber zu mehr Arbeit zu verpflichten (dickere Hefte!). Ich wurde mit der Sonderaufgabe betraut, die Karibikinsel Mellotron aufzusuchen, um den dort ansässigen Schamanen Kroklok Shnafu auszufragen, wie wohl das Jahr 1992 werden wird. Das kam mir sehr ungelegen, denn ich hatte gerade vor, viel zu schlafen und ansonsten einfache Dinge aus Vierkanthölzern und Puppenköpfen zu basteln. Wie 1992 werden würde, das sollten wir schon noch früh genug mitkriegen, war meine Meinung.

Auf einem zwei mal drei Meter großen Rattelschneck-Originalgemälde mit Wasserspülung überquerten wir (der bekannte Önologe Gyno von Willen, Käpt'n Gröhn und ich) das Meer, stiegen an der Haltestelle Böser Mann aus und nahmen den Bus zur Insel Mellotron. Im folgenden zitiere ich aus meinem knöchernen Reisetagebuch:

»Haben mühsam den Wohnort von Kroklok Shnafu ausfindig gemacht. Eine alte Eingeborene führt uns auf Umwegen (über Düsseldorf-Benrath) zu seiner Hütte. Dort rät sie uns, die mitgebrachten Gebisse auf den Boden zu legen. Er brauche sie für seine Fischbasteleien, auch Reißverschlüsse seien willkommen. Später, während des Prophezeiens, würde Shnafu einen Fisch mit einem Druckschalter auf dem Schoß halten. Wir nehmen in Unterwäsche Platz und warten. Plötzlich ist Kroklok Shnafu da – er reißt wortlos große Stücke aus unseren erstaunlich flauschigen Unterhemden und wirft sie in ein Feuer, das die alte Eingeborene in ihrer Schürze entfacht hat. Aus dem entstehenden

Rauch und dem Inhalt einer großen, schluckweise geleerten Hustensaftflasche liest er für uns die Zukunft.

1992 wird ein relativ langweiliges Jahr. Größtenteils wird, nicht zuletzt aus Kostengründen, 1991 wiederholt. Es gibt aber sieben Veränderungen gegenüber dem Vorjahr:

1. Gesellschaft: Das Tragen von elektrischen Bohrmaschinen wird Pflicht.
2. Mode: Bärte werden am Knie getragen.
3. Medizin: Kindersicherung für niesende werdende Mütter ist da!
4. Religion: Ein längliches Etwas mit Fischstäbchen und Palilalie wird heiliggesprochen.
5. Lokales: Milchmanns Dora kriegt junge Hunde.
6. Kultur: Klebebildchen-Skandal in Ostpreußen.
7. Wirtschaft: Die ersten einfachen Dinge aus Vierkanthölzern und Puppenköpfen kommen auf den Markt.

Abschied des Briefträgers

Zum Abschied sang der Briefträger vier Minuten lang »Wer küßt das bekümmerte Licht«, rannte um den Briefkasten, schnellte die Zunge heraus und gab ein Geräusch von sich. Schrittartige Bewegungen mit den Füßen vollziehend, verließ er sodann den Zustellbezirk.

Ranz und Hartebeest

Als reisendes Blasorchester getarnt hatte sich die Ranz-Hartebeest-Expedition jahrelang in der Kolonie herumgetrieben. Alte Leihscheine sowie Kopien von Leihscheinen und eine halbdirekte Bescheinigung des Ausgleichsamtes wurden von den Forschern als Legitimationen ausgegeben, sooft sie von Ureinwohnern kontrolliert wurden. Für besondere Fälle lagen Cocktailkleider bereit, auf die die Eingeborenen ganz versessen waren.

Ranz, gelernter Staatsgründer, und Hartebeest, Fachmann für Klingeln und Klopfen, saßen in ihrem Zelt und schmierten sich gegenseitig essigsaure Tonerde ins Gesicht. Um elf Uhr vormittags kamen die Eingeborenen. Aufgebracht reklamierten sie den automatischen Häuptling, den ihnen Ranz und Hartebeest am Tag zuvor verkauft hatten.

Die Fische

Die Fische hatten sich in der Mitte des Teiches über dem Wasserspiegel eine Hütte gebaut. Dort kamen sie nach Feierabend zusammen und zeigten sich gegenseitig ihre Knochensammlungen. Da gab es ganz solide Fischbein-Preziosen und moderne Nylonschädel, aber auch besonders alte Skelettfunde, die noch ganz primitiv aus Brettern zusammengenagelt waren. Und die Fische verstanden sich den Teufel was aufs Feiern. Es gab Feiern für Fische mit Gebissen, für Fische mit Reißverschlußmäulern und solche mit Druckschalter. Alle verehrten feierlich eine Gottheit namens Susi. Besonders gern erfanden sie Heilspiele oder Hautprojekte, zu denen es wichtige Unterlagen und Ausweise gab. Mit einem nach Frankreich ausgewanderten Fisch standen die übrigen in fernmündlicher Verbindung. Er hatte russische Rippenbögen, die nichts mehr wert waren.

Kaufleute, die über den Teich mußten, wurden zur Zahlung immenscr Summen gezwungen. Fischer kamen und gingen, und ihre Knochen bleichten am Ufer. Und der König der Fische hatte an jeder Seite fünf Rettungsringe.

»König! König!« rief hin und wieder ein vorlautes Mädchen ins Wasser.

Gutenachtgeschichte

»Ach Mutter, erzähl mir noch was, bevor ich einschlafe.«
»Na gut. Ein junger Mann bricht eines Morgens zu einer Fahrradtour auf, abends kehrt er mit einer unüberwindbaren Abneigung gegen Fahrräder zurück. So, jetzt wird geschlafen. Gute Nacht.«

So ist die Welt noch heute unerlöst

»Ich habe schon wieder Hunger«, klagte Neimann, »so gern ich auch Tee trinke, hinterher fühle ich mich immer ganz entkräftet.«

»Tee ist pures Gift«, sagte Güterbock.

Sie schlug vor, ein Stück zu gehen. Es mußte irgendwo ein Wegweiser stehen, der ihnen zeigte, wo Peking zu finden war. Oder es mußte jemand nach dem Weg gefragt werden. Schließlich gab es Millionen von Chinesen, früher oder später mußten welche erscheinen.

Neimann wandte dagegen ein: »Weder können wir einen chinesischen Wegweiser lesen, noch können wir Einheimische befragen. Oder beherrschen Sie die chinesische Sprache?«

»Das ist gar nicht nötig. Wir brauchen nur eine Version mit Untertiteln oder noch besser eine synchronisierte Fassung. Herr Egner soll die Chinesen deutsch reden und schreiben lassen.«

»Ist das denn legitim?« fragte Neimann unsicher.

Güterbock hob die Schultern, machte große Augen und sprach: »Der Autor hat immer recht.«

Neimann war sehr erleichtert und willigte ein. Er tröstete sich: »Vielleicht finden wir unterwegs eine Imbißstube. Wenn die Chinesen sich des Deutschen bedienen, wird es ja nicht schwer sein, etwas zu essen zu bestellen.«

Sie machten sich auf den Weg.

Die Landstraße war staubig, steinig, stellenweise verschimmelt und von spärlichem Bewuchs. In den Löchern gurgelte das Wasser. Nicht lange brauchten die beiden zu gehen, da sahen sie weit vor sich ein einzelnes zweistöckiges Gebäude am Straßenrand stehen. Es war in der Tat eine Imbißbude. ›Mao, der lachende Cherusker‹ stand in großen, unbeholfenen Leuchtschrift-Buchstaben darüber.

»Was für ein extrem dämlicher Name«, kommentierte Neimann.

»Besser als ›Zum göttlichen Karajanerle«, sagte Güterbock. Mit den üblichen Gefühlen, die Touristen beim ersten Betreten eines Gasthauses auf fremdem Boden haben, gingen sie hinein. Neimann war äußerst entschlossen, sich keinerlei Unsicherheit anmerken zu lassen. Am liebsten hätte er mit einem Schlüsselbund geklirrt oder mehrere Zigaretten gleichzeitig geraucht. Von der Innenreinrichtung nahm er nur wenig wahr, weil die zur Schau gestellte Selbstsicherheit seine gesamte Lebenskraft und Konzentration verschlang. Beiläufig wunderte er sich, wie wenig ihn der Raum an die gewohnte Ausstattung europäischer China-Restaurants erinnerte. Keine kunstvoll zu Rosenblüten gefalteten Servietten, keine Wand-Wasserfälle, keine Asiatika, kein Personal.

Vesica Güterbock, die bereits als Sechsjährige Photomodell gewesen war und vor nicht allzu langer Zeit sogar in einer Imbißstube gearbeitet hatte, bewältigte alles wesentlich souveräner als ihr Begleiter. Kühlen Blickes wählte sie einen Tisch beim Fenster. Neimann war mit allem einverstanden. Als sie Platz genommen hatten, kam noch jemand zur Vordertür herein. Es war jedoch kein weiterer Gast, sondern der Kellner. In China kommen die Kellner stets durch den Haupteingang ins Lokal, diese Sitte war nicht eingedeutscht worden. Der Kellner war ein stämmiger blonder Bursche mit Vollbart, kariertem Flanellhemd und Drillichhose. Freundlich lachend näherte er sich seinen beiden einzigen Gästen.

»Gott zum Gruße, liebwerte Europäer«, sprach er mit zierlicher Stimme, »was könnte es sein, womit ich euch zu regalieren vermöchte?«

»Die Karte, bitte«, sagte Güterbock ungerührt.

»Zu Befehl!« rief der Kellner.

Er griff sich ans Gesäß und brachte aus der hinteren Hosentasche umständlich ein zusammengefaltetes Papier hervor. Vesica

Güterbock mußte an ihre Manuskripte denken, die sie zur Zeit ihres Dichterdaseins in der Innentasche der Agentenmontur getragen hatte.

Der Kellner faltete das Papier auseinander. Zwei arg zerknitterte, dichtbeschriebene Schreibmaschinenbögen waren es. Nach gewissenhaftem Glattstreichen wurde jedem Gast ein Bogen gereicht. Der Kellner machte eine besondere Geste mit den Händen, dann verließ er das Lokal zur Straße hin. Dabei ging er rückwärts und verbeugte sich wieder und wieder.

Das waren also die Speisekarten? Folgendes lasen Güterbock und Neimann:

SÄTZE UND IHRE SOSSEN AUF ZURUF
Willkommen, willkommen, hochherzige Gäste!
O daß Sie bei uns eingekehrt sind!
Das Team von ›Mao, der lachende Cherusker‹ lebt nur für Sie
und wird ebenso gern für Sie sterben.
Bevorzugen Sie Gerichte mit Frisuren oder Gerichte mit Fransen?
Lassen Sie es uns bitte wissen.
Sprechen Sie stets in ganzen Sätzen, wir nennen Ihnen zu jedem
Satz die passende Soße.
Liebend gern!
Hier unsere Speisen und Getränke:

DEUTSCHE GERICHTE
Pilzsoße ›So ist die Welt noch heute unerlöst‹
Rostbratwurst ›Goethe‹ mit Benzin
Rilkesüppchen mit Fahrkarten und Brille
Wurstkuchen (klingend)
Hölzerne Tränen mit Salat
Morsezeichen vom Grill

FÜR SPASSVÖGEL
Tisch für zwei Personen in Aspik
Tisch für zwei Personen in Spaliermehl

GETRÄNKE
Tee aus zweitausend Metern Höhe, völlig ungetrunken
Bier der Marke St. Bierfaß-Brauerei Burmesquik, hübsch
Rauschenbach-Rum, 98%ig

Wenn Sie etwas länger auf Ihre Bestellung warten müssen,
kommt das daher, daß der Koch mit einer Mongolin herumläuft
und den Himmel raucht.
VIELEN ABERMILLIONENDANK
FÜR IHR VERSTÄNDNIS!
HALLELUJA!

Sie waren noch nicht sicher, was sie bestellen sollten, da kam der Kellner durch die Vordertür zurück. »Was darf's sein, geliebteste Gäste?«

»Wir schauen uns nur ein wenig um«, sagte Neimann verlegen.

Vesica Güterbock fragte den Kellner geradeheraus: »Weshalb sind auf Ihrer Karte keine Preise angegeben?«

»Ach ja, genau!« schickte Neimann in seiner Unsicherheit hinterher.

Die Frage machte den Kellner verlegen. Sich geziert windend, antwortete er: »Ich weiß nicht, wieviel ich für ein Gericht verlangen soll. Wenn Sie so wollen, bin ich ein ganz schlechter Geschäftsmann. Es ist mir furchtbar peinlich ... Welche Summe möchten Sie denn ungefähr anlegen?«

Neimann schlug vor: »Vielleicht zehn Mark?«

»Dafür können Sie hier in China sehr viel essen!« rief der Kellner aus.

Güterbock bestellte einen Tee und erkundigte sich nach der Pilzsoße ›So ist die Welt noch heute unerlöst‹.

»Ach, wissen Sie«, erwiderte der Kellner errötend, indem er ihnen die Speisekarten wieder wegnahm, »die Gerichte habe ich mir alle nur ausgedacht. Ich habe viel Freude am Ausdenken von Gerichten. Eigentlich bin ich Dichter, Gastronomie-Schriftsteller. Aber wirklich zu essen gibt es hier nichts als Pizza.«

»Wir interessant!« entfuhr es Güterbock. »Wir waren auch einmal Dichter!«

Neimann nickte bestätigend, es fiel ihm wieder ein: Er war einmal Dichter gewesen.

»Also zweimal Pizza?« fragte der Kellner.

Güterbock entschied: »Dreimal. Essen Sie eine mit uns, dann unterhalten wir uns gemeinsam übers Dichten.«

Überglücklich stimmte der Kellner zu. Sogleich lief er aufgeregt in die Küche, nahm auch dazu den Weg durch die Eingangstür.

»Ich bin gespannt auf die chinesische Küche«, sagte Neimann, ohne nachzudenken.

Im hinteren Teil des Lokals, da, wo die Küche zu vermuten war, hob ein geräuschvolles Treiben an. Es wurde mit Töpfen und Pfannen gerasselt, überlautes Prasseln von Fett ertönte, außerdem wurde gehämmert, gebohrt, gefräst.

Eine Stimme, es mußte die des Kochs sein, dröhnte: »Tupfer, Zange, Karussell! Bratwatte!«

»Bestimmt gebietet der Koch über ein Heer von Meerschweinchen und Eichhörnchen«, sagte Neimann.

Güterbock schwärmte: »Der Kellner ist ein wunderbarer Mann!«

Dann warteten sie schweigend auf ihr Essen.

In der Küche wurde es still. Die Eingangstür flog auf, hereinkam der Kellner mit drei großen Tellern. Auf jedem lag eine Pizza mit chinesischem Belag.

Neimann war so verwirrt, daß er, als ihm seine Pizza serviert wurde, statt »Danke« laut »Guten Tag« sagte. Wie von Vesica Güterbock vorgeschlagen, nahm der Kellner Platz und aß mit. Sie redeten kurz über das Dichten, doch er wollte lieber wissen, was die Europäer nach China verschlagen hatte.

»Wir wollen nach Peking«, antwortete Neimann, »können Sie uns wohl sagen, wie wir da hinkommen?«

»Wenn Sie der Straße draußen folgen, kommen Sie unweigerlich hin. Es sind ungefähr drei Wegstunden. Darf ich fragen, was Sie dort vorhaben?«

»Sosehr wir Ihnen auch für Ihre freundliche Auskunft danken«, versetzte Neimann in bedauerndem Tonfall, »der Zweck unserer Reise muß leider geheim bleiben.«

»Der Zweck unserer Reise schert mich einen Dreck«, sagte Güterbock plötzlich und überraschend, »ich geh nicht mit. Ich bleibe hier, denn hier gefällt es mir.«

Sie hatte kaum etwas gegessen.

»Und unsere Mission?« kreischte Neimann.

»Das ist nicht länger meine Mission«, war ihre Antwort, »ich bin mir endlich über meine Bestimmung klargeworden. Hier ist mein Platz, hier werde ich glücklich leben. Ich liebe diesen Mann – hupp!«

Schon saß sie auf dem Schoß des Kellners.

»Liebe, verehrte gnädige Frau«, sagte der, »ich werde Ihnen zu Ehren eine neue Speisekarte schreiben.«

Zu abgeschmackt erschien Neimann diese Szene, als daß er sie hätte ertragen können. Sollte er Güterbock unter Anwendung seiner Waffen zwingen, gefälligst mitzukommen und die Sache wie abgemacht durchzustehen? Oder sollte er sich selbst mit dem Puppy-Revolver erschießen? Letzteres war nun wohl endlich fällig.

Neimann stand wortlos auf, die Pizza nahm er auf die Hand, um sie draußen zu essen. Vesica Güterbock beschäftigte sich nur mit dem Kellner. Gurrend fragte sie ihn: »Soll ich Ihnen erklären, was eine nackte Singularität ist?«

»Liebe, verehrte gnädige Frau!« rief der entzückte Kellner. Angewidert verließ Neimann das Lokal. Von draußen sah er noch, wie Güterbock ihre Pizza aufblies.

(Aus dem Roman ›Der Universums-Stulp‹)

II

Variationen
über eine Brötchentüte

—

LAUDATIO

Gehalten von Harry Rowohlt
anläßlich der Verleihung des Literaturpreises
für grotesken Humor an Eugen Egner, Kassel 2003
(Unter Verwendung des Autors samt Teilen seines Werkes)

—

Es geht jetzt darum, die Laudatio auf Eugen Egner zu halten. Als mir diese ziemlich ernste Aufgabe übertragen wurde, habe ich mir gesagt: Das ist lustiger als ein Nachruf, und hinterher gibt es so oder so was zu trinken. Monatelang habe ich, während ich wie besessen am Text feilte, den heutigen Tag unabwendbar auf mich zustürzen sehen und mich meiner Tränen nicht geschämt. Jeder Fühlende, dem ich davon erzählte, sagte spontan: »Das ist nur recht und billig, daß du die Laudatio auf Eugen Egner hältst, schließlich hast du ihn doch entdeckt.«

Das ist wahr, und in der Tat darf ich mich wohl als einen intimen Kenner der Biographie und des Werkes von Eugen Egner bezeichnen. Mein Gott, was wir nach '45 alles gemeinsam erlebt haben! Zum Beispiel legten wir kleine und große Cremetuben, deren Verschlüsse wir abgeschraubt hatten, auf den Boden und sprangen mit den Füßen darauf. Es war lustig anzusehen, wie die Creme die gegenüberliegende Wand erreichte. Danach wurde es aber langweilig, und in die entstandene Leere hinein richteten wir die bange Frage, ob unser Leben womöglich verpfuscht sei ...

Natürlich kennen wir einander aus längst vergangenen Haffmans-Tagen, bei dem berühmten Verlag gleichen Namens haben wir vor einer Ewigkeit unsere allerersten Bücher herausgebracht. Was jedoch die wenigsten wissen: Eugen Egner kannte noch den alten Haffmans, an den er mich denn auch vermittelte, lange bevor der Junior, Gerd, die Firma vom Vater übernahm. Kurz nachdem Egner mich also dorthin geholt hatte, habe ich ihn entdeckt. Das war eine schöne Szene, und die ging so: Ich sah eines Tages, daß er in der Mittagspause was schrieb, und gesellte mich zu ihm, denn das schien interessant, und für Interessantes interessiere ich mich nun mal.»Schreibst'n da?« fragte ich. Seine Antwort habe ich vergessen, aber das weiß ich noch: Eugen Egner hatte damals ein beeindruckendes, für uns Jüngere geradezu beispielhaftes Verhältnis zur Literatur. Um die Zeit bis zu seinem früher oder später unweigerlich eintretenden Ende, von dem er zeitlebens hoffte, es möge ein möglichst sanftes sein, um diese Zeit also zu überbrücken, wählte er für seine Person eine zurückgezogene Lebensweise, die ihm gestattete, sich aus allem herauszuhalten. Um sich zu beschäftigen und gleichzeitig von der Beschäftigung mit wichtigen Dingen abzulenken, gab er sich schöngeistigen Aktivitäten hin. Dabei entwickelte er einen Hang zur Literatur, der aber in jeder Hinsicht vollkommen unbefriedigende Folgen zeitigte.

Zum einen, auf der passiven Seite, fand der frühe Egner (abgesehen von meinen Flann-O'Brien-Übersetzungen) kaum einen Lesestoff, der ihm zusagte. Die allermeisten Literaten gaben sich mit Problemen ab, die ihn bestenfalls nicht interessierten. In vielen Fällen sogar warf er erwartungsfroh aufgeschlagene Bücher unwillig an die Wand. In der Regel schrie der dann noch lange aus Wut über die ekelhafte Lektüre. Nicht nur *ein* Buch hat er unter Verwünschungen zerrissen, um die Bestandteile über das ganze Zimmer zu verstreuen. Jemand, der so unzufrieden mit dem Gebotenen ist, muß früher oder später zwangsläufig selbst zur Produktion schreiten.

Aber die aktive Beschäftigung mit der Literatur hatte ebenfalls ihre Tücken: Was, worüber sollte Egner schreiben? Und wie? Geschichten mit Handlung konnte er nicht leiden, hätte auch nie welche ersinnen können. Eine Problematik, die fremde Leute zu interessieren vermocht hätte, wußte er nicht darzustellen. Nichts erschien ihm langweiliger, als irgendeinen Plan über längere Zeit hinweg umständlich auszuführen. Erleben wollte er was, und zwar unmittelbar beim Schreiben! Einen Satz hinschreiben und sich selbst verdutzt beziehungsweise belustigt auf die Schenkel schlagen – das war sein literarisches Ideal. Er war sogar bereit, nötigenfalls mit legal erhältlichem Nervengift nachzuhelfen. Einem Medium gleich gedachte er aufs Papier zu delirieren. Was aber sollte das werden? Lyrik? Hermetisches?

Es wurde gar nichts! Beim Schreiben endete alles wie beim Lesen: mit hysterischem Gekreisch und zur Zimmerdecke auffliegenden Blättern. Leere Flaschen und ein langwieriges Leiden der harnableitenden Wege waren das einzige greifbare Resultat. Und wie Luther hatte er fortan einen großen Tintenfleck an der Wand.

Überraschenderweise erschienen dann aber doch plötzlich Bücher von Eugen Egner. Ich bewahre aus dieser Zeit einen Brief Eugen Egners auf, in dem er mir schildert, wie er vom Verlag die Belegexemplare seines ersten Buchs erhielt. Der betreffende Abschnitt lautet wie folgt:

»Der selbstbewußt brötchenessende Postbote gab mir ein mittelschweres Paket und zeigte mir unter stolzem Kauen seinen Ehering. Er war noch ein Kind, beteuerte aber, seine Frau sei völlig ausgewachsen und habe einen sehr fraulichen Hintern. Hastig, doch ohne vor Aufregung zu schreien oder zu sabbern, riß ich mit zitternden Händen den Karton auf und packte die Bücher aus. Als erstes fiel mir auf, wie schön sie gebunden waren. Bei näherem, nüchternem Hinsehen aber war es doch nur ein grelles, gummiartiges Lederimitat mit ordinär verquollenem Goldprägedruck. Es waren genau zwanzig; auf allen Einbänden war mein Name richtig wiedergegeben! Sehr neugierig war ich auf die Buchtitel. Da gab es allerdings eine Enttäuschung: Es handelte sich nicht um zwanzig verschiedene Bücher, sondern um ein zwanzigbändiges Epos, das Hohelied auf den Hintern der Postboten-Gattin. Wie schämte ich mich, ich altes Schwein! Weshalb hatte ich so etwas geschrieben? Vom Verleger erfuhr ich nur, ich befände mich augenblicklich in einer Krise, mein Lebenswille sei erloschen und ich heule allnächtlich voller Todessehnsucht den Mond an. Zum Erschrecken war das.«

Dieses Krisenhafte, dem Scheitern Zugeneigte, blieb auch später bestimmend für den Autor Egner. Aus nächster Nähe habe ich verfolgen können, unter welchen Umständen sich die Entstehung seines bislang letzten Buchs vollzog. Die Möglichkeiten in der Literatur sind ja bekanntlich sehr eingeschränkt, eigentlich gibt es nur die Kategorien »Reiseerlebnisse« und »Ingenieursroman«. Nachdem Egner in den letzten fünfzehn Jahren mehr als genug Reiseerlebnisse zu Papier gebracht hatte, blieb zur Abwechslung nur der Ingenieursroman. Einen solchen hatte er noch nie geschrieben, und seine totale Unkenntnis des Ingenieurswesens schien ihm eine gute Voraussetzung zu sein. Geschlagene zwei Jahre verbrachte er damit, etwas über Handlung und Charaktere herauszufinden. Wie es aussah, sollte es um nichts Geringeres als um Wundermotoren gehen. »Wenn ich einen Ingenieursroman schreibe«, sagte er zu mir, »dann muß es auch schon um Wundermotoren gehen.« Etwas wie ein Protagonist zeichnete sich ab, ein junger Mensch, der des Autors persönliche Unzufriedenheit mit den sich durch unsinnigen Lärm und Gestank auszeichnenden herkömmlichen Motoren teilte. Dieser gottbegabte Ingenieur sollte endlich den langerwarteten kraftstoffunabhängigen Motor erfinden. Damit bekam das Ganze eine aktuelle, das allgemeine Interesse erregende Grundlage. Egner drechselte langweilige Dialoge und erging sich in skrupulös epischer Breite, um nur ja alles möglichst »realistisch« wirken zu lassen. Er schrieb und vernichtete eine enorme Anzahl Manuskriptseiten, probierte, variierte, spielte *alle* Möglichkeiten durch und steckte schließlich hoffnungslos fest. Während das Manuskript nicht vorankam, reagierte er seinen Schreibzwang ab, indem er Notizen und nochmals Notizen machte, bis das

Notizenmachen zum Selbstzweck wurde. Mit aller Kraft kultivierte er diese Tätigkeit. Egner benutzte Bücher mit Blankoseiten, die er aufs faszinierendste mit zierlicher Handschrift, Zeichnungen und allerhand Eingeklebtem füllte, die sogennannte »Kunst Geisteskranker« diente ihm dabei als vages Vorbild. Bald waren zwei herrlich anzusehende, ja sinnbetörende Bände entstanden: seine geistige Heimat in jener schweren Zeit. Jeder Fühlende, dem er diese beiden Notizbücher zeigte, war tiefbeeindruckt. In einem Moment tiefsten Selbsthasses warf er sie weg – ein großer Verlust für das Marbacher Archiv.

Egner machte einen Sieg der Vernunft daraus und sagte sich los vom Ingenieursroman, seine Familie atmete auf. Zunächst fühlte er sich befreit, doch schon nach wenigen Tagen bedauerte er, seine Notizbücher vernichtet zu haben, und begann sie zu verherrlichen und zu besingen. Um den Schlaf war es geschehen, fieberhafte Unruhe trieb ihn von früh bis spät, sein Selbsthaß wurde immer größer, er unternahm Rekonstruktionsversuche, die ihn in Verzweiflung zu stürzen drohten, weil sie aussichtslos waren. In der Lektüre eines Buches über schizophrene Dichter suchte er Trost. Gleich auf der ersten Seite las er etwas von einem »ewig laufenden, von Gott geschaffenen Magnetmotor« und warf sich umgehend wieder auf den Ingenieursroman. Die Familie hielt den Atem an. Wie besessen schrieb Egner innerhalb weniger Tage und Nächte mehrere hundert Seiten. Es wurde der gleiche Schrott wie zuvor, und er vernichtete beide Fassungen. Der Roman war ihm nun endgültig egal, aber mehr denn je empfand er bittere Reue und Zerknirschung wegen der Vernichtung seiner phantastischen Notizbücher. Ihn quälte das Bewußtsein, etwas absolut Unwiederbringliches wissentlich zerstört zu haben. Seiner eigenen Einschätzung zufolge waren sie das mit Abstand Beste gewesen, das er je geschaffen hatte. Jetzt wußte er, wie es war, alles im Leben verloren zu haben. Er lag nur noch im Bett und rief sich die märchenhaften Seiten ins Gedächtnis, die akkurate kleine Schrift, die eingeklebten Kalendersprüche und

Bildchen (unter anderem ein Photo von einer Katze mit zwei Gesichtern!). Die Familie zitterte.

Mir schrieb er damals:»So kann ich nicht weiterleben. Ich muß meine Wahnsinnstat ungeschehen machen, muß in die Zeit davor zurück! Vielleicht aber ist es einfacher, die Notizen in Hypnose Seite für Seite zu rekonstruieren? Kann nicht die entsprechende Hirnregion bei mir mit einer photographischen Vorrichtung verbunden werden?« Er verlangte vehement nach Seelenphotographie und Zeitmanipulation. Die Familie rief die Ambulanz.

Seit seiner Entlassung hat sich vieles geändert. Um ihm einen Gefallen zu tun, habe ich nach Feierabend seinen aufgelassenen Roman vollendet. Auch im Falle Eugen Egners hat das Geld alle Wunden geheilt. Das Krisenhafte ist von ihm abgefallen, zu einem abgebrühten, ausgepichten Kenner des Metiers hat er sich entwickelt. Von ihm kann auch der Laie noch was lernen. Es ist überaus faszinierend, sich mit ihm über diese Dinge zu unterhalten. Darum habe ich Eugen Egner für das diesjährige Buchmessen-Special des Nachrichtenmagazins ›Der Spiegel‹ interviewt. Wir werden dieses Interview jetzt mit verteilten Rollen für Sie nachstellen.

Rowohlt: Herr Egner, Sie sind also Buchautor.
Egner: Kann man sagen.
R: Jetzt die Frage: Woher wissen Sie vorher, was später im Buch drinstehen soll? Sagt Ihnen das Ihre Mutter?
E: Das jeweilige Thema wird mir vom Verlag mitgeteilt.
R: Und wer denkt sich das aus? Der Verleger? Oder doch Ihre Mutter?
E: Nein, der Aufsichtsrat der Druckerei.
R: Also tatsächlich nicht Ihre Mutter? Auch nicht der Nachrichtendienst?
E: Weder noch.
R: Sind das dann immer andere Themen?

E: Oft.

R: Ist das schlimm?

E: Natürlich. Man weiß nie, was kommt.

R: Aber Sie könnten doch einen Agenten damit beauftragen, das auszuspionieren?

E: Viel zu teuer. Und dann würde der Agent das Buch ja auch selbst schreiben. Und selbst abkassieren. Nee!

R: Verstehe. Können Sie den Leserinnen und Lesern mal zeigen, welche Aufgabe der Nachrichtendienst Ihnen für das nächste Buch gestellt hat?

E: Der Aufsichtsrat.

R: Ist doch scheißegal.

E: Bitte. *(Kramt eine Liste hervor)* Hier, die Personalliste. Daraus soll ich einen Roman machen.

R: Das sind also die Figuren, die darin vorkommen sollen?

E: Erraten.

R: Da steht: *2 Pferde mit halbem Reiter, unvollständig*
Verletzter, extrem gutmütig
Matrose, Gewehr präsentierend (Gewehr fehlt)
Soldat, beim Biwak sitzend (Biwak fehlt)
Krankenschwester, bespielt
9 Albino-Blitzmädel, im Hemd
SA-Arbeitsmann, eklig
Kofferträger, brünftig, aber gerecht (Koffer fehlt)
Idiot, ganztägig
Schwein, wahnsinnig
Sind das alle?

E: Nein, die Hauptfigur fehlt noch, ein Arzt, der aus Stuhlproben die Zukunft liest. Der hat irgendwie Probleme und schreit immer, er »habe mit den Poularden noch ein Hühnchen zu rupfen«.

R: Das wird wohl ein Kriegsroman?

E: Ja, für Leute unter eins sechzig.

R: Haben Sie schon den ersten Satz?

E: Den hat mir die Druckerei vorgegeben. Er lautet: »Winter 1843. Die Töchter von Pastor Göbel hatten soeben die Raumfahrt überwunden.«

R: Wie geht es dann weiter?

E: Dann wird dafür gesorgt, daß ich nicht schreiben kann.

R: Das war ja bei Thomas Mann auch so, oder?

E: Und bei Picasso. Die sind praktisch nie zum Schreiben gekommen, weil immer irgendwas war.

R: Was war denn?

E: Meist mußten sie einkaufen gehen oder staubsaugen oder abwaschen. Picassos Frau konnte es überhaupt nicht leiden, wenn er schrieb. Sie konnte es auch nicht leiden, wenn Thomas Mann schrieb.

R: Von Thomas Mann weiß man ja, daß er, wenn er Picassos Frau nahen hörte, schnell das Schreibzeug versteckte und sich hinstellte, als ob nichts wäre. Ist das bei Ihnen auch so?

E: Nein, so nicht. Bei mir ist es ...

R: Die Frisur?

E: Quatsch, der Nachrichtendienst.

R: Erzählen Sie mal!

E: Jedesmal, wenn ich anfange zu schreiben, ruft jemand von draußen durch die Wohnungstür:»Es klopft!«

R: Wer?

E: Die Beamten vom Nachrichtendienst. Sie sagen, sie wollen meine Unterhosen filmen.

R: Müssen Sie die dann hereinlassen?

E: Leider ja. Sonst schlagen sie die Tür ein. Und wenn sie erst mal drin sind, ist an Schreiben nicht mehr zu denken.

R: An was denken Sie denn dann?

E: An meine Unterhosen. Daß die nun schon wieder gefilmt werden.

R: Könnten Sie dazu nicht die Drehbücher schreiben?

E: Wenn Sie das bezahlen.

R: Wie komm ich denn dazu?

E: Meine Mutter hatte ganz recht, als sie mich vor solchen Typen wie Ihnen gewarnt hat!

R: Frechheit! Hallo, Druckerei! Verhaften Sie den Mann!

Stimme vor der Tür: Es klopft!

R: Wir danken Ihnen für Ihre geschätzte Aufmerksamkeit.

Große Polizei-Reform

Reporter: Herr Kluhbohb, man nennt sie den Vater ...

Kluhbohb: Übervater.

R: ... den Übervater der großen Polizei-Reform.

K: Korrekt.

R: Also, die Polizei soll ...

K: Muß!

R: ... die Polizei muß also reformiert werden.

K: Unbedingt.

R: Und warum?

K: Nehmen Sie zum Beispiel die Sparkasse – die geht ganz neue Wege. Die Kassenschalter werden rausgerissen und die Mitarbeiter in bedruckte T-Shirts gesteckt. Oder nehmen Sie die Rechtschreibreform! Das bringt Modernität! Da darf die Polizei den Anschluß nicht verpassen.

R: Wie sieht das in der Praxis aus?

K: Zuerst wird privatisiert. Es gibt wohlhabende Herren aus dem Orient, die wir uns sehr gut als Eigentümer vorstellen können. Gespräche laufen schon. Dann geht die Polizei natürlich an die Börse etc. etc.

R: Wie verträgt sich so eine Privatisierung mit dem Grundgesetz?

K: Das Grundgesetz wird angepaßt.

R: Und das Strafgesetzbuch?

K: Wird vereinfacht. So wie das jetzt ist, bringt es ja sowieso nichts. US-Forscher haben rausgefunden, daß es Unsinn ist, bestimmte Dinge zu verbieten.

R: Sagen Sie mal ein paar verbotene Dinge.

K: Na, Raub, Kindsmißbrauch, Leute totmachen, so was eben. Können Sie alles verbieten, soviel Sie wollen, wird trotzdem gemacht.

R: Sie sprachen von einer Vereinfachung des Strafgesetzbuchs. Wie sähe die aus?

K: Wir brauchen nur einen einzigen Paragraphen.

R: Und der lautet?

K: Erlaubt ist, was gefällt.

R: Wem gefällt?

K: Den einfachen Leuten. Polizei muß wieder populär werden.

R: Gib es dann auch neue, volkstümliche Uniformen?

K: Nein, von den Uniformen wollen wir ja weg. Wir setzen verstärkt auf Individualität. Wie im Fernsehen.

R: Können Sie das beschreiben?

K: Na ja, zum Beispiel sollen alle Polizisten große rote Kunststoffnasen tragen. Das kennt jeder, und es spricht vor allem Kinder an.

R: Und die übrige Kleiderordnung?

K: Viel Werbung, so flotte Hütchen, Hosen mit Schlag, auch schon mal gesäßfrei. Und immer Bier dabei und ein Grillgerät. Das wollen die Leute.

R: Und die Verbrechensbekämpfung, fällt die weg?

K: In diesem Punkt setzen wir verstärkt auf die Initiative der Bürger. Analog zu den Sparkassen, da müssen die Kunden ja auch alles selbst machen, am Automaten. Und *online justice* soll in großem Stil angeboten werden.

R: Wie sieht das dann für die Polizisten in finanzieller Hinsicht aus? Gibt es endlich Gehaltserhöhungen?

K: Hier soll das Ehrenamt flächendeckend greifen. Mit acht, neun Putzstellen nebenher kann ein Polizeiangestellter prima leben. Und es soll ja auch lustiger werden bei der Polizei.

R: Erzählen Sie doch mal einen Polizeiwitz.

K: Ein Mörder kommt aufs Polizeirevier. In der Hand hat er ein Fahndungsgesuch mit seinem Steckbrief, da steht drauf: »Wir suchen Mörder aller Art«. Nee, Moment, anders, die Polizei sucht natürlich Mörder, aber auf dem Steckbrief, da steht das nicht so, wie ich gesagt hab, da ist irgendwie das Bild von dem

Mann drauf, verstehen Sie? Drüber steht »Gesucht« und drunter »Mörder«, also »Mord«. So daß man sofort erkennt, daß er der gesuchte Mörder ist, als er da reinkommt. Verstehen Sie? Und dann fragt er die Polizisten, also, die, die da Dienst tun:»Sie suchen doch Mörder?«, nein, anders: Er zeigt ihnen den Steckbrief, also, er fragt jedenfalls:»Verzeihung, ist die Stelle noch frei?« Und der Polizist auf dem Revier antwortet:»Wann können Sie denn anfangen?« *(Lacht wiehernd)*
R: Wissen Sie, daß Sie schöne Hände haben, wenn Sie lachen?

Fischreparatur

Es beginnt mit einem Scherz.

Reporter: Ach, Sie sind Herr Gralch – ich dachte, da stünde eine Restmülltonne mit Klingelknöpfen. Hab mich schon gewundert, wieso die so freundlich grüßt.

Wenn alle genug gelacht haben, geht es weiter.

Reporter: Herr Gralch, Sie sind Inhaber einer mittelständischen Fischreparaturstelle mit Kassenzulassung.

Gralch: Ohne Kassenzulassung. Lohnt sich heute nicht mehr. Wegen der Regierung.

R: Also eine mittelständische Fischreparaturstelle ohne Kassenzulassung.

G: Jawohl, nach den neuesten EU-Richtlinien.

R: Was bedeutet das in der Praxis?

G: Ich muß Fische und Fischartige ab vier Zentimeter sofort erkennen können, wenn ich welche sehe. Und ob sie intakt sind oder nicht. Außerdem muß ich aufpassen, daß genug Steuer abgeführt wird.

R: Reparieren Sie alle Fische, also sämtliche Modelle?

G: Von uns reparierte Fische und Fischartige dürfen eine Gesamtkörperlänge von zweiundvierzig Metern nicht überschreiten. Sonst reparieren wir aber alle.

R: Auch Fische mit Druckschaltern?

G: Ja.

R: Und mit Wasserspülung?

G: Natürlich.

R: Was war das peinlichste Erlebnis in ihrem Leben?

G: Da muß ich meine Frau fragen. Die ist aber gerade Fische kaputtmachen gegangen.

R: Apropos kaputte Fische: Was sind die häufigsten Schäden an Fischen, die Ihnen zur Reparatur gebracht werden?

G: Die meisten sind überfischt.

R: Das ist, wenn es zu viele Fische gibt, nicht wahr?

G: Nein, das ist so übertrieben fischartig, das Benehmen, die ganze Körperhaltung, so aufgeplustert irgendwie, geradezu größenwahnsinnig.

R: Das ist überfischt?

G: Genau, was ich gesagt hab.

R: Wie kommt so etwas?

G: Das kommt von allein.

R: Und das ist dann nicht gut für die Fische?

G: Nein. Die vergessen sich total, die vergessen ihre Schuldigkeit Gott und den Menschen gegenüber. Und zerplatzen können sie auch, wenn gerade keiner guckt. Manchmal sogar, wenn's gerade am schönsten ist.

R: Was tun sie in solchen Fällen?

G: Wir knallen Eckspanner und Krampen rein. Drauf rumtrampeln ist weniger gut. Da existieren Studien drüber.

R: Gibt es Möglichkeiten zur Prävention, daß also diese Überfischtheitsphänomene gar nicht erst aufkommen?

G: Früher ja, heute nicht mehr. Von der Regierung abgeschafft. Die wollen ja letztlich den Fisch als solchen abschaffen. Das wäre dann auch das Ende der Fischreparaturstellen.

R: Dann wären Sie mittellos, nicht wahr?

G: Und obdachlos.

R: Soll ich Ihnen mal verraten, wie Sie ganz billig an ein Haus kommen können?

G: Ja, bitte.

R: Sie müssen sich ein Haus kaufen, in dem Hanf angebaut wurde. So ein Haus kriegen Sie für ein Spottgeld. Laut Gerichtsurteil (LG Ravensburg, Az: 4 S 127/01) bringt Hanfzucht ein Haus nicht nur in Verruf, sondern der Wert der Immobilie sinkt auch dadurch. Erkundigen Sie sich mal bei einem Makler.

G: Danke für den Tip. Das mach ich, solange ich noch etwas Geld habe!

R: Herr Gralch, was unsere Leser noch interessieren würde: Was sind denn Ihre Hobbys?

G: Nach Feierabend baue ich einfache Dinge aus Vierkanthölzern. Manchmal auch Fischbasteleien. So was hier zum Beispiel. *(Kramt umständlich in der Hängeregistratur seiner Unterwäsche, zieht ein längliches Etwas mit Fischstäbchen und Klingelknöpfen hervor)*

R: Das ist interessant ... Ich würde sagen, ein längliches Etwas mit Fischstäbchen und Klingelknöpfen.

G: Exakt.

R: Glauben Sie, daß Sie selbst auch schon mal ein Fisch waren? In einem früheren Leben zum Beispiel?

G: Nö, das glaub ich eigentlich nicht.

R: Fein, Herr Gralch. Heute haben unsere Leser eine Menge über Fische gelernt.

Nächste Woche: Interview mit einem Spekulanten, der für Spottgelder Häuser aufkauft, in denen Hanfzucht betrieben wurde.

Exklusiv-Interview
mit der Beatles-Tochter

Deutscher Rolling Stone: Sie sind nun also die Tochter der Beatles.

Beatles-Tochter: Ja, die aufrichtige Tochter.

Von allen fünf?

Scheiße, ja.

Sie sind inzwischen selbst eine scheißberühmte Musikerin. Im Internet steht zu lesen, Sie seien das »Symbol des jungen Erzeugungsaufruhrs«.

So ist die Überzeugung aller.

Aber Sie machen nicht all das noch einmal, was Ihre Väter gemacht haben?

Scheiße, nein, ich tu die neue Musik errichten. Ich meine, hey, ich muß zulassen, daß ich Leute entsetzen will, auch Feindseligkeit und Hysteria von den Ventilatoren.

Lassen Sie uns davon reden. Wie fing alles an?

Hauptsächlich war es der schwere Gebrauch von dem stämmigen Erscheinen mit einem Fernsehapparatetalentwettbewerb.

Sie haben dann eine Knallkarriere mit all den Diagrammerfolgen gebildet. Sind Sie den Beatles ähnlich?

Scheiße, es ist hart, vorbeizukommen am Werk der Väter.

Doch Ihre Tochtermusik ist am Ende so verursachend! Ich mein, hey!

Scheiße, ja, es war ein großes Erscheinen und ein Hervorquellen der Musik.

Lattich aber auf dem ersten Puppealbum haben Sie das häßliche Schwermetall gelaicht, da war die Begeisterung schnell abgefressen.

Hey, verstehen Sie, ich wollte eine Form verursachen.

Was können Sie unseren jungen Leserinnen und Lesern raten?

Hey, Scheiße, ihr dürft nicht durch ein hohes Niveau des wirtschaftlichen Zwangs besiegt werden oder so, Leute!

Das wird sicher vielen Mut machen. Hey, zurück zur Musik. Ich meine: Sie haben soeben ein neues Album freigegeben. Mit einer Botschaft?

Scheiße, ja, es ist gewidmet der Mutter und der erschossenen Schwester der zwei Williams-Schwestern.

Das ist eine reale Geste. Ich meine, die hat einen Bezug! Dieses Album könnte hervorragend quellen, es ist am Ende so verursachend!

Aber auch ein großes Erscheinen, und kein bißchen kleiner.

Ich höre, es gibt darauf Klaviere, gefüllt mit Blumen?

Und Klemmbeerenmelodien.

Es ist sehr weichklassisch, oder?

Scheiße, nein, eine Art Hüpfen mit Ton, finde ich. Da ist das Klavier, das ganz oben verdrahtet wurde, und ich brannte zusätzlich eine Mittelharmonika durch.

Heißt das, Sie erloschen dadurch von Ihrer Weise, die Extremhüftemusik zu verursachen?

Brunnen, die Süße gedreht sauer, denke ich.

Erzählen Sie uns von sich. Sie sind die berühmte Beatles-Tochter!

Scheiße, ja. Ich meine, hey – genau! Ich wurde angefangen in 1979. Ich hatte irgendeine Art Drogebüste von früh an, weißt du?

Haben deine berühmten Väter dabei geholfen oder so?

Scheiße, nein, die spielten an den verschiedenen Plätzen in der Landschaft. Verstehen Sie?

Und so mußten Sie Ihre neue Knallkarriere allein bilden?

Ich meine, zuerst war ich von fast keiner Hoffnung von genügend Geld überhaupt zu erwerben, aber im weiteren Kurs kam ich vorbei.

Sie probten mit Lernabschnittsmusikern fünfmitgliedrig in einem Feuchtigkeitskeller, richtig?

Scheiße, alle guten Knallmusiker proben in den feuchten Kellern, und unser Wiederholungsraum hatte regelmäßig Seen in ihm.

Wie kam es zu deiner Abfahrt von der Band ›Die Drüsen‹?

Lattich wir hatten ein großes Album zu bilden, und sie entleerten gerade auf mich. Es verklitt nicht meine entscheidende Mörderaufzeichnung genug.

Verstehe. Lebt frühes Material noch in den Wölbungen?

Nein, das Band ging verstorben.

Seitdem bist du ja das Symbol der jungen Brüllzwanziger. (Kratzt sich am Hintern) Wo können wir Sie demnächst live hören?

Ich werde ein Nächstenliebekonzert in der Beschaffenheitshalle der Frankfurter Oper geben, zugunsten der Opfer von Hoheitsgewässer.

Man hat dir vorgeworfen, deine Musik würde zu Fettleibigkeit bei deinen Fans führen.

Ich bin für Fettleibigkeit nicht schuld. Ich meine, hey – nach all den Jahren steht die Forschung fest!

Würden Sie für unsere Leserinnen und Leser jetzt bitte ein Lied singen oder so? Mit trommelheftigem Schlag?

Wenn das nicht den U-Bahn-Betrieb lahmsetzt!

Scheiße, nein, die U-Bahn fährt, solange Sie leben.

Scheiße, ein guter Witz.

Von Witzen bin ich der meiste Fachmann! Hey, wie heißt das Lied, das du uns singen wirst?

Es heißt: ›Lattich wir wünschen unsere Musik frei sein‹.

Hier ist also die Beatles-Tochter mit ›Lattich wir wünschen unsere Musik frei sein‹! Ich darf mich schon mal verabschieden.

Beatles-Tochter (singt mit Sichtstütze): Lattich wir wünschen unsere Musik frei sein.

Ich mein, hey, das sind, warum wir spielen.

Lattich wir wünschen unsere Musik frei sein.

Alle wir mögen Musik, die spielen sind!

Das sind, warum sie hier und gut ist.
Musik ohne das Ende oder Anfang.
Wir wollen tanzen, tanzen, tanzen!
Uns betrampeln bis zum Ende unserer Person!
(Wieder von vorn)

—

DAS LETZTE INTERVIEW

*Eugen Egner unterhält sich zum letzten Mal
mit Jürgen Roth und umgekehrt*

—

*Eugen Egner, ehedem Kopf einer Altleipziger Frauen-Death-
Metal-Combo,*»*Spaßvogel*« *(FAZ), passionierter Friseur, Drogen-
Temperenzler und*»*notorischer Vielschreiber*« *(Oberhessische
Presse), unterhielt sich, bevor er vom Presseleben unwiderruflich
Abschied nehmen wird, mit Jürgen Roth ein letztes Mal und exklu-
siv für die* ›*Junge Welt*‹*. Im Vorfeld des Gesprächs bestand er darauf,
keinen* »*Werbedialog über meine just erschienenen Prosabände*
›*Getaufte Hausschuhe und Katzen mit Blumenmuster*‹ *(Reclam
Leipzig) und* ›*Was geschah mit der Pygmac-Expedition?*‹ *(Verlag
Weisser Stein)*« *führen zu wollen.* »*Über alles andere rede ich.*«

In wenigen Tagen endet die große Kasseler Eugen-Egner-
Ausstellung ›Königliches Amüsement‹. Experten aus aller Welt
haben sich anerkennend bis panegyrisch geäußert. Du aber
überraschst mit der Ankündigung, es sei nun alles aus und vorbei, dein Abschied vom Zeichnen und von der Malerei sei per-
fekt. Du würdest nie mehr zeichnen, das Malen – ab sofort ganz
eingestellt. Nicht verkaufte Exponate würden auf ewig wegge-
schlossen. Warum dieser Schritt?

Zeichnen ist ein höchst schikanöser Vorgang. Wie hab ich das
schon gehaßt! Einen ganzen Roman hab ich darüber geschrieben, was für eine Tribulation das Zeichnen doch ist. ›Androiden
auf Milchbasis‹ heißt er, und kein Schwein will ihn drucken. Das
Schreiben fällt mir indes auch sehr schwer. Je älter ich werde,
desto mühsamer wird es. Der Kopf ... in der Jugend nie geschont
... Übrigens, die Malerei habe ich bereits im Januar 1988 aufge-

geben. Das Trinken im Januar 1991. Ich werde ab sofort einfach überhaupt nichts mehr machen.

Definitiv? Definitiv auch keine Gartenskizzen und keine Landschaftsmalerei mehr? Diesen Fachwechsel deutetest du doch neulich an.

Definitiv. Eventuell übernehme ich den Lehrstuhl für Experimentelle Vergeltungsmedizin an der Universtität Rinteln.

Aber »manchmal« bist du doch, wie der ›Reutlinger Generalanzeiger‹ schrieb, als Comic-Zeichner »eine Wucht«. Du hättest »den ganz normalen Wahnsinn auf Papier gezeichnet«, »mit Nachdenken« sei da »nichts zu holen«, und ›Kultur News‹ lobte: »witzig, aber nicht immer komisch«. Das müßte doch eigentlich Ansporn genug ...

... zum Verhauen von Interviewern sein. Leider aber bin ich als Verhauer gar keine »Wucht«. Ich bin schwach und friedfertig. Das hindert mich allerdings nicht daran, meine, wie die ›Leipziger Volkszeitung‹ sich auszudrücken beliebte, »meist vordergründigen«, »lieblich albernen« Lesungstexte »in der Art eines enthemmten Loriot« vorzutragen. Nein, definitiv keine Interviews mehr. Pfui Wurst!

Die von dir erwähnte Zeitung nannte dich eine »Brutalosäge«.

Jeder, so gut er kann.

Könnte aber doch eine Rolle spielen, daß du bislang beinahe jeden Verlag, der sich deiner Arbeiten angenommen hatte, unverzüglich in den Ruin triebst. Vor diesem Hintergrund ...

Ja, bisher hab ich alle kleingekriegt. Alle. Sogar der WDR wackelt. Die ›Titanic‹ auch. Um dem Haffmans Verlag dieses letale Los zu ersparen, habe ich mich rechtzeitig von ihm getrennt. Wenn da jetzt was passieren sollte, wär's nicht meine Schuld. Übrigens habe ich über diesen Sachverhalt geschrieben: Mein Text ›Der Förderpreis‹ – in ›Getaufte Hausschuhe und Katzen mit Blumenmuster‹ – handelt davon.

Das ist ein sehr gutes Buch. Ganz neu. Ohne erkennbaren

Willen freilich zum großen Lukács'schen epischen Totalitätsanspruch. Vielmehr kleine Texte, die aber das ganz Eigene des egnerösen schikanösen kosmischen Wahns ins dichterische Bild bannen. Schaffst du dir da Ersatz für das Ende deiner zeichnerischen Ambitionen, wo sich doch »Egner ... als ausgesprochen schräger Ast am Stammbaum des Hieronymus Bosch« (FAZ) erwies, nun aber der Ast, auf dem er da saß, abgebrochen ...

... Ersatz? Ich gebe dir gleich Ersatz! Und von wegen abgebrochener Ast! Was heißt hier überhaupt »egneröser schikanöser kosmischer Wahn«? Der Kosmos ist schikanös! Der hat angefangen! Wahn – wenn ich das schon höre! Als ob ich's nicht schon schwer genug hätte!

Dies ist also dein letztes Interview gewesen? Dir reicht's?

Unbedingt und in jeder – außer in finanzieller – Hinsicht.

Dann danke ich für das aufschlußreiche Gespräch.

Ach Quatsch.

(Junge Welt, 31. August 1996)

Mir den Stromschlauch

Eine Entäußerung auf dem Theater

VOLLSTÄNDIGE FASSUNG

Bernd Rauschenbach und
Jörg Gronius gewidmet

Mir den Stromschlauch!
Mir den Stromschlauch – um der Christenheit willen!
Mir den Stromschlauch – ich fleh euch an!
Und stoppt das Postgiroamt Köln!
Den Stromschlauch, den Stromschlauch – am Rand werf
ich schon Falten!

Mir den Stromschlauch!
Schneller, Männer! Jeden Augenblick können meine
Forschungen zunichte werden! Den Stromschlauch!
Mir den Stromschlauch!
Um der Christenheit willen!
Mir den Stromschlauch! Und stoppt das Postgiroamt Köln!
Hört mich denn keiner?
Mir den Stromschlauch!
Mir den Stromschlauch!
Am Abend nehm ich Gift und überschlag mich,
zentnerschwer stürz ich in meine Schallplatten!
Ich fleh euch an: Mir den Stromschlauch!
Mir den Stromschlauch! Und stoppt das Postgiroamt Köln!
Um der Christenheit willen!
Hört mich denn keiner?

Den Stromschlauch, mir den Stromschlauch!
Ich muß dringend raus, hier drinnen ist alles voller
Drehtüren!
Schneller, Männer! Jeden Augenblick geht mir das Maul
über!
Am Rand werf ich schon Falten!
Mir den Stromschlauch! Ich finde keine Worte!
Mir den Stromschlauch! Mir den Stromschlauch!
Schneller, Männer! Die Ofentüren gehen nach innen auf!
Hört mich denn keiner?

Um der Christenheit willen!
Gleich morgen renn ich zu den Remittendentischen –
Ich fleh euch an!
Mit allen staubigen Händen: Mir den Stromschlauch!
Mir den Stromschlauch! Und stoppt das Postgiroamt Köln!
Schneller, Männer! Der Chef naht auf Orgeln!
Der Mond scheint abwechselnd auf allen vieren!
Hört mich denn keiner? Und wie die Zeit vergeht?
Ich fleh euch an! Mit den Stromschlauch!
Mir den Stromschlauch – um der Christenheit willen!
Nudeln mit Hut!
Schneller Männer! Jeden Augenblick kann ich eine Seereise
machen, und das Schiff ist nicht an Bord!
Mir den Stromschlauch! Den Stromschlauch!
Hört mich denn keiner? Mir den Stromschlauch!

Um der Christenheit willen! Und stoppt das Postgiroamt
Köln!
Mir den Stromschlauch, den Stromschlauch!
Bei allem Waschbeton Tibets!
Mir den Stromschlauch!

Ich wiederhole: Mir den Stromschlauch!
Den Stromschlauch, den Stromschlauch – am Rand bin ich
schon halb vermodert!

Alle Lkws verwüste ich auf einen Streich, daß es nur ein
Geruch ist!
Mir den Stromschlauch!
Und stoppt das Postgiroamt Köln!
Hört mich denn keiner?

Um der Christenheit willen! Mir den Stromschlauch!
Die Bettumrandung halt ich mit eisernem Biß!
Ich fleh euch an: Mir den Stromschlauch!
Mir den Stromschlauch!
Schneller, Männer! Jeden Augenblick kann ich viel
Bekümmernis gehabt haben und Klumpigkeit!
Mir den Stromschlauch!
Und tut etwas gegen das Vergolden der Heckenscheren!

Die eßbare Eisenbahn

Zur gewohnten frühabendlichen Stunde bereiten Mutter und Tochter in der engen, den Gesetzen der Ergonomik spottenden Küche das Abendbrot vor. Da betritt der Familienvater die Wohnung:»Ihr glaubt ja nicht, was ich gerade auf dem Bahnhof erlebt habe!« – »Dir glauben wir sowieso nichts«, versetzt seine Tochter. Die Ehefrau fügt hinzu:»Setz dich und benimm dich. Messer rechts, Gabel links.«

»Ruhe!« ruft der Vater,»ich muß euch jetzt mein Erlebnis schildern.« Er springt auf den Tisch und liefert eine onomatopoetische Wiedergabe der Bahnhofsatmosphäre: ein- und ausfahrende Züge, Durchsagen, Türenschlagen etc.»Also«, erzählt der Vater,»ich wollte aus dem Zug steigen wie jeden Tag. Plötzlich hörte ich eine Stimme, die mich rief.« Der begabte Vater imitiert die Stimme simultan zu den Bahnhofsgeräuschen:»Hallo Heinz! Ich habe eine wichtige Botschaft für dich! Dieser Zug, aus dem du gerade steigen willst, ist eßbar.« Ungeachtet der Mienen, die seine Frau und seine Tochter machen, fährt der Vater fort:»›Der Zug ist eßbar?‹ fragte ich. Und die Stimme antwortete: ›Jawohl, eßbar. Probier mal.‹ Na ja, warum nicht, hab ich gedacht. Hungrig war ich, und wer weiß, was es wieder zum Abendbrot gibt, hab ich gedacht, also hab ich probiert.«

Die Mutter mahnt:»Heinz, paß auf, du trittst in die Butter!« Er überhört den Zwischenruf.»Ich habe also ein Stück von der Tür abgebissen. Die übrigen Fahrgäste trauten ihren Augen nicht. Als sie aber sahen, wie genüßlich ich kaute, wollten sie auch was von der Eisenbahn essen. Ich konnte sie nur ermutigen, denn der Geschmack war vorzüglich. Es wurde mehr und mehr von dem Zug abgebissen. Alle Fahrgäste riefen kauend aus« (und der Vater imitiert sämtliche Stimmen auf einmal):»›Au ja! Mmmmmmh! Hätten wir echt nicht gedacht!‹«

Entsetzt ruft die Mutter:»Eine eßbare Eisenbahn! Du warst wohl in der Bahnhofskneipe! Heinz, Heinz, das wird auch immer schlimmer mit dir!« Der Vater beteuert:»Und ich sage euch, der Zug hat gut geschmeckt.« Wenn dies der Wahrheit entsprechen sollte, so wird überlegt, dann müßte die Sache doch ein Medienknüller sein.

Also wird das Radio eingeschaltet. Da ist zu hören: »... ist auf einem Bahnsteig ein Personenzug von Fahrgästen aufgegessen worden. Bislang fehlt jede Erklärung für diesen in der Eisenbahngeschichte wohl einzigartigen Vorgang. Sie hörten die Nachrichten, es ist ...«

Mutter und Tochter staunen, denn dies ist ein Beweis.

»Und du sagst, eine Stimme hat dich zum Essen des Zuges aufgefordert?« forscht die Mutter nach. »Ja.« – »Heinz, wenn du Stimmen hörst, mußt du zum Arzt gehen.« – »Die Stimme war echt«, sagt der Vater und klettert vom Tisch herunter. »Wo kam die Stimme denn her, Papa?« – »Die kam hier aus meiner neuen Thermoskanne.« Er holt die Kanne aus der Aktentasche und stellt sie auf den Tisch. Wie sich herausstellt, gehört die Stimme einem Dämon, der in Vaters neuer Thermoskanne sitzt. Er gibt sich als »Dämon der eßbaren Eisenbahn« zu erkennen: »Ich kann jede Eisenbahn eßbar machen.« – »Wozu denn?« wird gefragt, und der Dämon erläutert seinen irgendwie einfältigen Plan, der auf die totale Weltherrschaft zielt: »Alle Leute glauben jetzt, man könne Eisenbahnen so ohne weiteres essen. Aber der nächste Zug wird vergiftet sein! Berge von Leichen wird es geben!« Und er freut sich schier entzwei. Fieberhaft überlegt die betroffene Familie, was zu tun sei. Die Tochter empfiehlt: »Wir hauen die Thermoskanne platt.« Das dulden die sparsamen Eltern aber keinesfalls. Als naiv wird der Vorschlag der Mutter abgetan, man solle bei der Bundesbahn anrufen, um vor Vergiftung von Zügen zu warnen.

In dieser verfahrenen Lage (das Abendbrot wartet) begibt es sich wunderbarerweise, daß zu später Stunde noch ein Hausierer die Türglocke betätigt und sich als Exorzist erweist:»Guten Abend. Haben Sie hier irgendwelche Dämonen auszutreiben?«

Obwohl der Dämon zetert und droht, vorübergehend sogar Vater und Mutter zum Wanken bringt, indem er ihnen die Schweiz abtreten, ihrem Wunsch nach Besitz der Bahamas oder von Capri aber partout nicht entsprechen will – zuletzt wird doch ausgetrieben. Vor mystisch wabernder Klangkulisse ruft der Exorzist:»Dämon, Dämon, Timpeteh! Lesebrillen in Gelee!«

Er kassiert, da die Austreibung erfolgreich verlaufen ist, neunzehn Mark, rät zum gründliche Ausspülen der Thermoskanne und empfiehlt sich.

»Jetzt ist Schluß mit der eßbaren Eisenbahn«, spricht der Vater,»obwohl ich nur wiederholen kann, daß sie sehr schmackhaft war.« Da ruft die Mutter:»Das Abendbrot ist fertig! Wir können essen!« Es wird Platz genommen an dem kleinen Tisch mit der Wachstuchdecke, auf der, wenn auch verkleinert, noch so manch weiteres Abendbrot abgebildet ist.»So ein Überfluß«, grunzt die Tochter, während sie den Ochsenmaulsalat dezimiert, »die Tischdecke geben wir zur Welthungerhilfe.« Noch vor ihrem ersten Bissen sorgt sich die Mutter als umsichtige Hausfrau bereits um das künftige Leibeswohl ihrer Lieben:»Morgen könnt ich Kalbsnierchen kaufen, die sind nach dem Reaktorunfall so billig ...« Und den ungewohnt abstinent dasitzenden Vater fragt sie:»Na, Heinz? Was ist? Willst du nichts essen?« – »Ich krieg nichts runter«, antwortet er,»ich bin noch satt von der Eisenbahn.«

High-Tech Alcohol

Letzten Sommer waren wir das ewige Alkoholtrinken gründlich
leid. Mit Nachdruck verlangten wir eine andere, weniger primi-
tive Dareichungsform der Droge. Die üblichen Vorschläge wurden gemacht: essen, injizieren, rauchen, nasal inhalieren, einrei-
ben, auch Dragees und kleine wundertätige Püppchen waren im
Gespräch. Alles unbrauchbar und genauso primitiv, außerdem
von anderen Nervengiften längst besetzt. Mit den Püppchen
wäre es fast etwas geworden, aber viele schämten sich deswegen.
Jemand entwickelte eine Dreiminutenschallplatte, deren Ab-
spielen beim Hörer zu mittlerer Alkoholisierung führte, eine
entsprechende Langspielplatte bewirkte gar schwere Vollräu-
sche. Den Einwand, es sei nicht immer und überall, wo eine al-
koholische Wirkung gewünscht werde, auch ein Stromanschluß
vorhanden, entkräftete der Erfinder durch den Einbau von So-
larzellen. Ebensowenig zog das Argument »Man kann nicht
ständig einen Plattenspieler und eine Schallplatte bei sich tragen«. Mußte man sonst nicht auch etwas »bei sich tragen«, nämlich einen Flüssigkeitsvorrat, und sei es nur ein sogenannter
»Flachmann«? Es gelang sogar, den Plattenspieler auf Taschen-
flaschengröße zu reduzieren!

Jedoch: jedes Lebewesen, das einen derartigen Tonträger an-
hörte, ob absichtlich oder nicht, wurde davon berauscht. Daraus
entstand das neue Problem des, um ins frühere, inzwischen
technisch überwundene Bild zurückzukehren, passiven Trin-
kens. Mittels Lautsprecherwagen konnten im Handumdrehen
ganze Landstriche alkoholisch beeinflußt werden. Ganz zu
schweigen von etwaigen Rundfunk-Ausstrahlungen solcher
Schallplatten! Derartiger Mißbrauch mußte also durch auf die
Verpackungen aufgedruckte Warnungen unterbunden werden.
(Es wurde aber nicht die Einführung einer Kopfhörerpflicht für

Benutzer erwogen.) Schließlich ging es nur noch darum, die Alkohol-Platten so zu kennzeichnen, daß sie selbst von Schwerberauschten nicht mit anderen Schallplatten verwechselt wurden, etwa mit solchen, durch deren Anhören man Sprachen erlernte oder auf der Stelle verrückt wurde.

Man solle sich deshalb aber nicht ins Hemd machen, äußerte der Erfinder. Hätten nicht zu allen Zeiten Menschen im Suff auch alles mögliche Falsche getrunken? Die neue Technologie setzte sich durch. Dauernd gab es Verbesserungen am Abspielgerät, zum Beispiel Dosierungshilfen, Wiederholungsschalter und Tricktasten.

SCHNÖGEL UND SCHNIRREN
IM SCHNEE
Von Michael Tetzlaff

Frau Egner zündet ein Streichholz für das Teelicht an. Ein paar Rußfädchen fliegen durch die kleine Küche. »Was ist denn das?« fragt sie, erstaunt über die Altersschwachheit des Zündholzes. »Ruß«, antworte ich. Eugen Egner dreht sich vom Herd um, schaut den schwebenden Partikeln nach und sagt: »Das atmen wir jetzt ein und sterben.« Nichts dagegen, denke ich. Sterben wir halt. »Aber ich muß ja noch berühmt werden«, sagt Eugen. Anstatt dem Leben tschüs zu sagen, setzen wir uns also an den Tisch.

Am Rande von Wuppertal, irgendeine Siedlung mit mehr oder minder kleinen Häusern. Alles bürgerlich, alles ordentlich. »Wir wohnen hier nicht gerne«, sagen die Egners, »aber eine teure Wohnung können wir uns nicht leisten.«

Schwob wäre ein schönes Präteritum von schweben. Ist es aber nicht. Und die Wuppertaler Schwebebahn ist auch nicht gefahren. Frau S. und Herr M. in Frankfurt haben noch mit meiner Angst gespielt: Die Schwebebahn sei doch erst abgestürzt. Als die beiden noch vom Schabernack geritten wurden, klingelte das Telefon: Herr Egner. Er habe nicht die ganze Wahrheit gesagt, es fahre auch ein Zug an den Stadtrand. Schwebebahn muß gar nicht sein.

Der Kuchen ist gut. Kein »drahtloser, sprechender Tortenboden«. Pflaumenkuchen mit Schlagsahne. Warum Wuppertal? Herr Egner erzählt von seiner Kindheit. Mir vier Jahren ist er nach Wuppertal gekommen, 1951 in Ingelfingen irgendwo bei

Heilbronn geboren, »eine Kindheit in Süddeutschland blieb mir erspart«. Die ersten Jahre wohnten die Egners in einem Bahnwaggon. »Für mich war das großartig, ich kannte ja nichts anderes. Aber für meine Eltern war es sehr deprimierend«, sagte EE. Da war der Großvater, der ihm den Weg zum Absurden wies. »Sehr pittoresk.« Der Opa hat reichlich getrunken, war aber kein Alkoholiker. Er verachtete Weintrinker. Als Sekretär bei der Bahn sammelte er irgendwelchen Müll und Schrott und vergrub die Sachen im heimischen Garten. Beispielsweise. Als Eugen Egner seinen ersten Karl-Valentin-Film sah, dachte er: Was ist denn das? Das ist ja genau wie bei uns.

Keine getauften Hausschuhe? Keine Katze, die auf das Bier aufpaßt? Der Freßnapf auf dem Küchenboden läßt die Hoffnung noch nicht ganz schwinden. »Noch Kuchen?« Eugen Egners schmales, freundliches Gesicht mit den wachen Augen holt mich zurück. Es ist sehr ruhig in der Küche, der Rolladen ist halb heruntergelassen. Letzte Septemberhitze. Wo ist das alte DDR-Radio, aus dem es komisch riecht? Wo der Galgenbruder mit den Antennen am Kopf? Ruhe und Eugen Egner respektive seine Texte? Texte, in denen alles drunter und drüber geht, nichts, aber auch gar nichts korrekt ist. Und jetzt die Idylle am Küchentisch.

Der Gedanke liegt ja nahe: Seine Geschichten entstehen nachts unter dem Einfluß irgendeines Blauen Würgers in einem chaotischen Kämmerchen, Hinterhof links. *Falsch.* Disziplin, geregelte Arbeitszeiten von 9.30 bis 18 Uhr, so etwa. »Ich kann nur arbeiten, wenn ich ausgeschlafen und nüchtern bin.« Es war auch mal anders. Eine ganze Zeit lang schrieb er seine Texte vorm Morgengrauen. Bis zum Rande des Nervenzusammenbruchs. Da stellte er sein Leben komplett um.

Frau Egner, freiberufliche Kommunikationsdesignerin und mit Herrn Egner seit siebzehn Jahren liiert, zieht sich ins Wohnzimmer zurück. EE schenkt noch mal Tee nach. Ein friedlicher Anblick. Da sitzt er nun, dein Meister des Absurden. Liebenswürdig, höflich, bescheiden, mitteilsam. Hör einfach zu. Mehr muß nicht sein.

1967 bestand er, »dank der Kurzschuljahre«, die mittlere Reife. »Ich hatte saumäßige Leistungen.« Die Note für den Deutschaufsatz rettete ihn. Im Folgenden ließ er mehrere Lehrstellen sausen. Sein einziger Wunsch: Haare wachsen lassen und Radaumusik machen. Die Eltern beharrten auf einer Ausbildung zum Kaufmann. Er kam in einer kleinen Werbeagentur unter. Die Lehre schloß er nicht ab, das Zeugnis war trotzdem gut.

Jobwechsel: »Am Versagertisch« saß Eugen Egner von 1973 an in der Verwaltungszentrale eines Reiseunternehmens. »Wir haben nur Sekt getrunken und Unsinn gemacht«, sagt er. Ein Vorgesetzter (»Ich weiß, daß Sie nichts tun und nichts können«) bat die Belegschaft darum, die Utensilien auf dem Schreibtisch rechtwinklig anzuordnen. Da überlegte EE, Einzelgänger, Querkopf, was er tun könne, um rauszufliegen. Doch so weit kam es nicht. Ein ehemaliger Kollege rief ihn an und erzählte, daß sein Graphiker weggelaufen sei. »Aber ich kann doch nichts«, erwiderte EE. »Das sagen wir niemandem«, beruhigte ihn der Kollege.

Eine Zigarette muß jetzt sein. Zum Rauchen wechseln wir in den Garten. Im Treppenhaus hängen schöne Bilder, die er für ›Die Sendung mit der Maus‹ gezeichnet hat. Die Wärme draußen ist recht unangenehm, der Garten wie ein kleiner Dschungel. Als wir die an den Tisch gelehnten Stühle in Position bringen, raschelt es in den Pflanzen. Androiden auf Milchbasis? »Das ist Paul, unser Kater«, macht uns Herr Egner bekannt. Paul ist schön, oben schwarz, unten weiß. Außerdem sei Paul manchmal eine Nervensäge und geschwätzig.

EE raucht nicht. Die Psyche. Es muß Mitte der Siebziger gewesen sein. Er wohnte mit Freunden in der ehemaligen Sommerresidenz des Bankiers von der Heydt. Hier hatten sich schon Rilke und Cosima Wagner die Ehre gegeben. Jetzt waren die

Wilden dran. Der neue Besitzer ließ das Anwesen als »Schloß Schnapsschnorchel« ins Grundbuch eintragen. Jedenfalls mußte Herr Egner eines Tages auf das Kind von Freunden aufpassen. Der Kleine kränkelte, man vermutete Masern, zu Unrecht, wie sich später herausstellte. Doch da war es schon zu spät. Eugen Egner hatte die Masern.

Ob es seine ersten Begegnung mit der unheimlichen Macht der Psyche war, sei dahingestellt, es war eine prägende. »Man kann sich umbringen, wenn man die Kraft dazu hat«, sagt EE. Mit Ende Zwanzig sei er in einer »passiven Suizidalverfassung« gewesen. Was soll das alles? fragte er sich. Er fing sich wieder. Balsam für die Seele: das Schreiben.

1986, ein Redakteur und heller Kopf des WDR-Hörfunks erkannte das Talent Eugen Egners. Mehrere Kurztexte wurden gesendet, Hörspiele ebenfalls. Zeitgleich erschien sein erster Zeichenband, ›Als die Erlkönige sich Freiheiten herausnahmen‹. Skurril, bizarr, absurd. Nichts für Leute, »die sich gern ihren Alltag verdoppeln, indem sie genau das lesen, was sie ohnehin schon erleben. Diese Banalität ertrage ich nicht«, sagt Herr Egner.

Die Angst vor der Finsternis gibt ihm Energie. Das Schreiben hilft ihm, Gespenster zu verorten. Irrlichter funkeln, Nachtmahre klopfen an. Wie der Übergang in seine Phantasiewelt funktioniert, kann EE nicht genau erklären. Er setzt sich morgens an seinen Schreibtisch, und irgendwann ist er abgetaucht. Die Komik, die aus dem Schrecklichen kommt, findet ihren Weg. Es ist das Lächerliche, das er ausbaut. So transformiert, daß es einem manchmal angst und bange wird. Aber es gibt kein Zurück mehr. Du bist gefangen in Texten, die einen Teil der Wahrheit so zeigen, wie du ihn nie sehen wolltest.

Wahrheit, Wirklichkeit? Wir sitzen wieder am Küchentisch. »C. G. Jung sagt: Wirklich ist, was wirkt. Deswegen sind Träume wirklich«, sagt EE. »Unsere Realität ist konstruiert, wir machen sie.« Deswegen röhren synthetische Hirsche um Mitternacht, hat der Lokführer eine Königstochter, stammt der Schnitt des Wintermantels aus dem Irrenhaus, gibt es Schnögel und Schnirren im Schnee.

Eugen Egner entdeckte trotz seines Lebens in der »Provinz der Provinz« früh Kafka für sich – auch dessen komische Seite. Weiteren Einfluß auf seine Texte haben unter anderem Erika Fuchs, die die deutschen Texte für Donald Duck schrieb, und E. T. A. Hoffmann. »Es gibt viele Autoren, die ich schätze. Aber erwähnt werden müssen nur ein paar. Philip K. Dick (Science Fiction), H. P. Lovecraft und Fritz Leiber (›Horror‹), die Engländer Robert Aickman (der Beste!), H. R. Wakefield, Ramsey Campbell – Schluß! Ach, es sind Unzählige! Zum Beispiel der Pole Bruno Schulz, die beiden Russen Gogol und Jerofejew (Wenedikt). Unter den Belgiern war Jean Ray der Größte, sehr zu loben ist aber auch der Deutsche Kurt Kusenberg ... Und vergeßt mir Leo Perutz nicht. Jetzt hör ich auf.«* Manchmal wurde er mit Leuten verglichen, die er bis dahin noch gar nicht gelesen hatte, sagt EE. Wie etwa mit dem französischen Schriftsteller Boris Vian.

Wir gehen ins Arbeitszimmer. Auf dem Zeichentisch liegt ein angefangener Cartoon. Seine Zeichnungen stehen seinen Geschichten in puncto Absurdität in nichts nach. Sporadisch erscheinen sie beispielsweise im Satiremagazin ›Titanic‹. Es gibt auch einige Sammelbände, die aber teilweise nicht mehr zu bekommen sind. »An meine Cartoons traut sich heute kein Verlag mehr ran«, sagt er. EE zeichnet nicht mehr so gern. »Nur wenn ich muß.« Seinen Horror vor dem Zeichnen hat Eugen Egner in seinem letzten Roman, ›Androiden auf Milchbasis‹, verarbeitet.

Er zeigt Fotos. Fotos, auf denen sein Großvater zu sehen ist. Fotos, die ihn selbst als kleinen Jungen im Matrosenanzug neben einer Spielzeugeisenbahn zeigen. Seine Eltern und ihn vor dem Bahnwaggon. Die Band ›Armutszeugnis‹, in der er jahrelang als Gitarrist die Saiten prügelte. »Ich habe nicht schlechter gespielt

---

* An der Stelle denken Sie sich bitte ein Fax.

als Angus Young«, sagt Eugen Egner. Angus Young ist der Lead-gitarrist der Rockband AC/DC.

Eine Kostprobe bekomme ich auch. Im kleinen Wohnzimmer. Die Regale an den Wänden quellen über vor Büchern. EE legt eine Single auf den Plattenspieler. ›Ich zieh' mich nur noch im Dunkeln aus‹ heißt der Titel. Neue-Deutsche-Welle-Klänge – produced by Armutszeugnis, appears by courtesy of God, guitar EE. Frau Egner ist inzwischen wieder zu uns gestoßen. Wir trinken Wasser. Es ist immer noch drückend schwül. Eugen liegt die Hitze nicht.»Das Arbeiten im Sommer geht nur schwer. Sommer ist eine banale Jahreszeit. Ich bin ein Herbsttyp«, sagt er und etwas von»Stubenhockermentalität«.

Der Taxifahrer klingelt. Ich würde gern bleiben. Gut, daß wir nicht gestorben sind.

(Frankfurter Rundschau, 9. Oktober 1999)

Während der Regenzeit geben sich Henschels wirklich Mühe,
ihrer Katze etwas zu bieten.

Pelzmutters Mantel in einem schulpflichtigen Universum

An einem Spätnachmittag im Mai fiel eine Bande minderjähriger Verbrecher männlichen Geschlechts in die Vorortstraße ein. Jedes Mitglied des in Schrittempo vorrückenden Trupps trug mit der einen Hand einen Stapel Schallplatten vor sich her, der etwa in Nabelhöhe begann und anfangs bis unters Kinn reichte, mit der anderen Hand wurde Platte auf Platte ergriffen und gegen die Häuser auf beiden Seiten geschleudert. Unter Lebensgefahr beobachtete ich vom Fenster aus die Szene. Eigentlich war es lustig anzusehen, wie die Schallplatten auf die Spitzdächer trafen und, wie über Sprungschanzen, gen Himmel weitergeleitet wurden. Dort beschädigten sie mehrere Flugzeuge. Wenn Schallplatten aus großer Höhe herabstürzen, hilft nicht einmal mehr Beten. Ein seit Jahren konvulsivisch kläffender Dackel sowie der Betreiber eines privaten Freiluft-Sägewerks wurden lapidar enthauptet. Etliche der Scheiben flogen über die Dachfirste und fielen auf der andere Seite hinunter. Später, nachdem die Diskuswerfer-Rotte ihren Durchzug beendet hatte, lagen die Schallplatten nicht nur auf der Straße, dem Gehweg und in den Vorgärten, sondern auch hinter den Häusern auf Garten- und Rasenflächen.

Weil ich mir dringend etwas Motion im Freien machen mußte, nahm ich all meinen Mut zusammen und begab mich hinter das Haus, wo im Feindesland die Mülltonnen standen. Nackt und öde war mein Weg, schutzlos war ich dem bösen Blick der Gegend preisgegeben. Die Sonne ging bereits unter, inzwischen war es November. Der Waschbeton-Garten versuchte wieder, mich mit seinem Anblick zu ermorden. Länger als zehn Minuten durfte ich mich nicht an diesem Ort aufhalten. Mein zerebrales Selbst-Modell hätte ausfallen können, dann hätte »ich mich« für eine völlig andere Person gehalten. Durch den Waschbeton hervorgerufener Sauerstoffmangel hinderte bestimmte Zellen in meinem Gehirn daran, andere Zellen in wünschenswertem Maß zu hemmen, also ein realitätsstiftendes Gleichgewicht zu erzeugen. Jeden Augenblick konnte es zu einem unkontrollierbaren Aktivitätsüberschuß kommen!»Ich« vermutete bereits,»ich« sei»Pelzmutters Mantel in einem schulpflichtigen Universum«. In unmittelbarer Nähe der Auflösung raffte das, was von mir noch übrig war, hastig die auf dem Grundstück liegenden Schallplatten zusammen.

Völlig ohne Begeisterung übrigens. Fiktive Astronauten mochten auf Planeten, an deren Lebensbedingungen sie nicht angepaßt waren, etwa so herumtappen wie ich hinter dem Haus der Eltern. Hätte ich mich geistig in eine Thermosflasche begeben können, ich hätte es sofort getan. Ich wollte durch die Wand zurück ins Haus gehen, doch es gelang nicht. Mir blieb nur»der Weg durch die Hölle«, an der gänzlich ungeschützten Giebelseite entlang zur Vorderfront, wo ich die brutal zur Schau gestellte Haustür zu erreichen hoffte. Und die gesamte zurückzulegende Strecke bestand aus Waschbetonplatten. Unvermittelt traten Stufen auf, daß ich mir fast den Hals brach. Zu beiden Seiten war mein Schmerzensweg von senkrecht ins Erdreich eingelassenen, teils ans Haus geschrobenen Waschbetonplatten begrenzt. Ich wußte nicht mehr, ob mein Urgroßvater eine florierende Schnapsfabrik besessen hatte oder ob ich in Gestalt zweier Mädchen unterwegs war zu Harrys Wasserburg. Der Mond stand brummend darüber. Auf Verlangen des Urgroßvaters hätten wir zwei Mädchen ihn wie folgt beschrieben:

»Eine leidlich runde, weißleuchtende Scheibe in einer auf der Spitze stehenden quadratischen Kontur (die Seitenlängen des Quadrats entsprechen dem Scheibendurchmesser), umgeben von einem bläulichen Lichtkranz, der aus drei, einander überlagernden, pyramidal angeordneten Halos besteht.«

Im Garten war es noch November gewesen. Als ich das Erbhaus meiner Vorfahren betrat und mich wieder als mich selbst empfand, schrieb man schon den dritten Advent. Die Zeit verging mit übelkeiterregender Geschwindigkeit. Wer zum Beispiel nur mal eben seine Hände auf einem Baumstamm trocknen wollte, mußte hinterher feststellen, daß ein Monat vergangen war. Eine jede Aktivität vereitelnde Zeitinflation war im Gange. Ein Jahr war nichts mehr wert. Dies war nun wahrhaftig keine Beobachtung, die Anspruch auf Originalität erheben wollte. Es war absolut nichts Neues. Schon die Alten, und unter ihnen besonders die Delawaren, hatten davon gesungen. Letzteren blieb schließlich weder zum Singen noch überhaupt zum Existieren mehr Zeit, und sie gingen in Konkurs (angeblich kaum pfändbare Gegenstände, »vorwiegend Müll«). Aus der Delawaren-Konkursmasse hatte mein Urgroßvater Anno 1890 dann doch noch die besagte Schnapsfabrik herausmodelliert.

Bekanntlich fördert der Umgang mit Schnaps (besonders das Trinken desselben) die Zeitabwertung. Der Schnapstrinker hat zu nichts anderem mehr Zeit. Es hat welche gegeben, die gerade genug Zeit hatten, ihr erstes Glas zu leeren, und während des Einschenkens eines zweiten bereits an Altersschwäche starben. Vielen bleibt nicht einmal genügend Muße zum Alkoholismus.

Rechtzeitig vor Weihnachten erreichte ich mit den Schallplatten, einem stattlichen Stapel, mein Jugendzimmer. Ich ließ die Jalousien herunter. Nachdem ich im Dunkeln eine alte Phonotruhe gefunden, das Radio eingeschaltet und die Klappe zum Plattenspieler geöffnet hatte, konnte ich endlich etwas erkennen. Die Senderskala und das Phonofach mit seinem wie bei einem Kühlschrank funktionierenden Lämpchen spendeten warmes, gelbliches Licht. Das in der älteren Radio-Literatur vielbemühte »Magische Auge« trug zur Stimmung bei. Ich beschloß, das Anhören der gefundenen Platten würdig zu zelebrieren. Dazu suchte ich die elterliche Küche auf und sah im Kühlschrank nach. Eine dreiviertelvolle Literflasche Weißwein stand darin, an der ein Zettel klebte:

Lieber Sohn!
Trink bitte den Wein, bevor er schlecht wird.
Gruß,
Deine Eltern
P. S.: Das Haus haben wir verkauft, um anderswo ein neues
Leben zu beginnen. Der Gemeindepfarrer wird für Dich sorgen.

Bis der neue Hausbesitzer oder der Gemeindepfarrer käme, wollte ich mir die Platten anhören und Wein dazu trinken. Ich nahm die erste zur Hand. Auf dem Etikett stand ›Frauenlob vom Wildschwein‹, als Interpreten ausgewiesen waren ›Die Fleischfressenden Fetischziegen‹. Die Schallplatte drängte sehr ins Leben, also spielte ich sie ab und leerte ein Glas. Sofort bedauerte ich, nicht über diese Platte schreiben zu können, die mich auf so wunderbare Weise sensibilisierte. Das Lämpchen des Phonographen wurde Zeuge meiner Suche nach geheimen, irgendwo im Zimmer verborgenen Frauen. Um mich dafür hinreichend zu stärken, trank ich die Flasche leer. Danach hatte ich allerdings keine Kraft mehr, eine zweite Platte aufzulegen. Ich hinterließ »Nachbilder« im Raum; überall, wo ich mich aufhielt, blieb mein Bild stehen. Sogleich stieg ich einem davon auf die Schultern. War da wohl irgendwo ein verborgenes Türchen in der Zimmerdecke? Ließ sich dieses vielleicht sogar einfach durchstoßen wie Papier? Falls nicht, konnte ich nicht die Schallplatten daranschrauben?

Da wurde an die Zimmertür geklopft. Das Nachbild, auf dessen Schultern ich stand, verblaßte, und ich stürzte ab. Meine Mutter drang ins Zimmer ein wie die Bodenreform. Den Hausverkauf hatten meine Eltern rückgängig gemacht.

So waren sie, so waren sie immer gewesen.

(Aus dem Roman ›Androiden auf Milchbasis‹)

Abend mit Musik

—

ANDROIDS FROM MILK
by Eugen Egner
Dedalus, £7.99

—

Egner is well known in Germany for his satirical cartoons but he has now turned his hand to the kind of Surrealist fiction for which the word »zany« might have been invented.

The story revolves around Ruben, a boy stuck in his teens as a result of a rare illness, whose attempts to avoid being kept in a children's home for ever lead him on a fantastical odyssey. This is a world where smoking the local grass can change your sex, dwarfs are hatched out of old men and androids are really made from milk (albeit UHT).

Think Kafka, think Spike Milligan, think *Monty Python*. But don't think you have encountered anything like this before. *Androids from Milk* is an original, unfathomably bizarre ride through the mind of the maddest scientist in European literature. – MK

(›The Times‹, London, 1. Dezember 2001, anläßlich des Erscheinens der englischen Ausgabe von ›Androiden auf Milchbasis‹)

Eine Zirkusgeschichte
aus neuerer Zeit

In die verdammte, widerliche Zeit, in der die Hunde das Sagen hatten, verirrte sich ein Zirkus. Das hatte zur Folge, daß ein Student und ein Terrier von zu Hause wegliefen, um beim Aufbau der Zelte etc. zu helfen. Als der Bürger Tückmantel morgens mit der Aktentasche zur Arbeit ging, kam er am Zirkusplatz vorbei und schloß aus dem, was er sah, daß ein Zirkus zusammengebaut wurde. Er trug sein weißes Arbeitnehmerhemd voller Stolz und dachte: ›Nach all der Arbeit könnte ich am Abend mit der Familie den Zirkus besuchen, um mich zu zerstreuen.‹ In der Firma gab es statt Lohn Ermäßigungskarten für den Zirkus, und so kam es, daß Tückmantel mit Frau und Kind eine Abendvorstellung besuchte.

»Was ist denn das für ein Zirkus?« fragte Frau Tückmantel, als sie davorstanden. Der Student und der Terrier hatten alles völlig falsch aufgebaut, den Zirkusleuten aber war dies entweder nicht nicht aufgefallen oder ganz einfach egal. Das Programm kam infolgedessen aus einer Flasche, die man an der Kasse kaufen mußte. Wer dabei nicht obendrein was mit dem Stock bekam, konnte von Glück sagen. Ein Anwalt regelte die gesetzlichen Modalitäten. Sowie die Luft rein war, nahm er Tückmantel beiseite. »Wenn es hier zum Konkurs kommt«, sagte er, »müssen Sie alle Restbestände übernehmen. Der Preis ist nicht hoch, und Sie bekommen ja alles vom Staat zurück.«

Schon kam die Bestandsliste vom Konkursamt. Tückmantel sah auf den ersten Blick, daß sie nicht stimmen konnte. »Zweihundertsiebenundneunzig Tiere?« fragte er ungläubig, denn es war ein ziemlich kleiner Zirkus. Laut Direktor konnten es nicht mehr als hundertachtzig sein. Lachend erklärte der Anwalt: »Bestandslisten vom Konkursamt muß man zu lesen verstehen. Die angegebene Zahl bedeutet nicht die Gesamtzahl aller Tiere, sondern das Gewicht eines einzelnen Tieres in Gramm.«

In der Tierschau, wo Tückmantel sodann Inventur machte, gab es nur ziemlich kleine Tiere und nur solche, die der Direktor schon im Delirium tremens gesehen hatte. Tückmantel fand sie allesamt zu klein, er wollte größere Tiere. Umgehend rief er beim Konkursamt an und forderte, die Würmer sollten zwei Meter lang sein und die Fledermaus so groß wie die Frauenkirche.

Die Flasche schlug acht, Zeit fürs Programm! Seit Stunden warteten die Artisten und Clowns schon in einer schäbigen Garderobe aus Blech und Abfall. Einige suchten ihr Heil in Perükken, die sie begehrenswert aussehen lassen sollten, andere redeten in allen Sprachen durcheinander:»Ich hab keine Hose!« –»Ich hab kein Geld!« –»Ich hab kein Talent!«

Sie brannten darauf, im Gänsemarsch hinaus ins Licht zu treten. Weil aber der Student und der Terrier alles falsch gemacht hatten, war es im Zelt so dunkel und muffig wie in einer Gruft, und niemand traute sich hinein. Die Zuschauer mußten kräftig mit anpacken, wenn die Vorstellung wirklich stattfinden sollte. Tückmantel packte wohl zu kräftig an, ein Stück von der Vorstellung brach ab, und dem Direktor verrutschte der Humbold. Alle Artisten und Clowns wurden nach Hause geschickte. Sie erreichten gerade noch die letzte S-Bahn. Um den Schaden an der Vorstellung notdürftig zu kitten, schickte der Direktor Tückmantels Kind in die Flasche. Zum Glück wußte es aus dem Kindergottesdienst, welche Drähte man miteinander verbinden mußte und welche auf keinen Fall. Der Strom wechselte zehnmal in der Sekunde sein Geschlecht, und es war fast schon egal.

Endlich konnte die Vorstellung beginnen. Die Artisten und Clowns, vom Anwalt telephonisch (kostenpflichtig) verständigt, kamen in Nachthemden mit dem Taxi zurück. Punkt um Punkt erfüllte sich das Programm, während der Direktor auf der Seite lag und zu verbergen suchte, daß ihm der Humbold verrutscht war. Laut Flaschenetikett sollte jede Programmnummer neunzehn Minuten dauern, doch die Nr. 3, die sogenannte Bierplage, zog sich nun schon über eine Stunde hin, längst war es höchste Zeit für das grußlose Abtöten der Bracke, und auch die Stummschaltung der schreienden Nachbarskindlein war überfällig. Aggression überlagerte alles, sogar das kalte Büffet. Student und Terrier nahmen Gift, der Direktor bekam Nierengrieß. Voller Haß auf die Bierplage schickte er Frau Tückmantel in den Ring, denn das Publikum schlief schon ein und große Stücke davon brachen ab. Ohne zu überlegen, wie der Klerus sich dazu stellen mochte, kletterte Frau Tückmantel über die Blechabsperrung. Vor Aufregung spielten ihr Mund und ihre Nase Fangen miteinander. Es war die Gesichtsarbeit, die sie letztlich als ihre Aufgabe begriff, und somit die Überwindung des Leibes. Ihr Ehemann wurde schamnaß und wandte sich dem Staub zu. Da geschah, womit kein Mensch gerechnet hatte: Der Konkurs saß in der Flasche fest, ehern schnappte die Bierfalle zu. Niemand wußte mehr, wo der Konkurs aufhörte und das Amt anfing. Die Verwirrung war schwindelerregend. Tückmantels Kind, das eben aus der Flasche gekrochen war, wurde ganz übel davon, und es erbrach sich auf das weiße Arbeitnehmerhemd (Nacken- und Rückenpartie) seines im Staub kauernden Vaters. Alles war voller Konkursmasse. Unter dem Geschrei der Kinder und dem Gebell der (gesetzlich geschützten) Bracke wurde der Zirkus verramscht, nachdem man den Studenten und den Terrier auf dem Schindanger verscharrt hatte. Familie Tückmantel konnte die Flasche für fünf Prozent vom ehemaligen Ladenpreis erwerben, und der Anwalt kriegte das vollgekotzte Hemd.

Variationen über eine Brötchentüte

Irgendwo hatte ich eine alte, mit einer ungelenken Zeichnung bedruckte Brötchentüte gefunden. Ein paarmal nahm ich sie zur Hand und begann aus Verzweiflung, Variationen über sie anzufertigen. Es war eine böse Zeit, und ich hatte nur die alte Brötchentüte im Sinn. Sie gab mir Rätsel auf. Ich variierte sie sechsmal, und die Variationen gaben mir neue Rätsel auf. Dann warf ich die Originaltüte weg.

Die sich selbst betrachtende Brötchentüte

Der Mensch in seiner Beschränktheit kann nur die sechs Variationen über die Brötchentüte wahrnehmen, und das ist das Äußerste, was ihm möglich ist. Es ist beinahe so, als sei der Mensch selbst die Brötchentüte. Und doch ist kein Mensch eine.

Denn was ist der Mensch?

Nach Einbruch der Nacht saß Dr. Roth mit schlaffen Nasenfühlfäden in seinem Personenkraftwagen. Sein Ziel war die Universitätsklinik. Es trieb ihn durch den finsteren Raum, immer die Furcht im Nacken, bei seinem Vorhaben von einem Pförtner, Nachtwächter oder sonstigen Klinikangestellten ertappt und inquisitorischen Fragen ausgesetzt zu werden. Polizeiarzt wäre er dann die längste Zeit gewesen. In seinem Alter würde es schwer werden, einen beruflichen Neuanfang zu schaffen. Er sah sich bereits im Gebüsch gegenüber einer Discothek hausen. ›Nicht genug, daß ich das mir gänzlich verhaßte Proktologen-Handwerk erlernen und ausüben mußte, weil mein Vater es so wollte! Viel grauenerregender ist das, was mich erwartet, wenn mein Einbruch scheitert. Zum besinnungslosen Trinken wird man gezwungen.‹

Er fuhr rechts heran, stoppte den Wagen und praktizierte mimisch besinnungsloses Trinken. Danach verspürte er argen Blasendruck. Aussteigend und sich in städtische Sträucher erleichternd, dachte er: ›Dichter oder Reiter hätte ich werden sollen, oder Puppendoktor.‹

Die Arztproblematik hielt ihn gefangen. Aus dem Himmel schaute sein Vater hämisch herab und besprühte ihn mit Arztproblematik aus eine Spraydose. Atemnot und kein Entkommen – er hätte sich in einen Traktor verwandeln mögen.

Einen ganzen Tag glaubte er verloren zu haben, doch es waren erst wenige Minuten vergangen, seit er rechts rangefahren war. Dr. Roth fuhr zur St.-Sauerbruch-Universitätsklinik, die er sofort erkannte, als er vor ihr stand. Damit sie ihn nicht erkannte, umwickelte er seinen Kopf mit einer Mullbinde aus dem Verbandskasten. Augen und Mund ließ er frei. Es funktionierte. Die Klinik hielt ihn für einen der vielen Patienten, ohne Verdacht zu schöpfen. Das jedoch ließ ihn übermütig werden. Statt sofort die grüne, krümlige Substanz zu stehlen und schnellstens damit zu verschwinden, trieb er sich neugierig im Gebäude herum. In der Kantine aß er Blumenkohlgratin und Vanillepudding. Noch kauend, kam er am Tagungsraum vorbei. Eine Vortragsreihe zum ewigen Thema ›Denn was ist der Mensch?‹ fand dort laut Ankündigungsplakat gerade statt. Schon immer hatte Dr. Roth seine Ansichten zu diesem Thema öffentlich verkünden wollen. Hier und jetzt, als Unbekannter, konnte er es endlich tun. Besonders günstig war der Umstand, daß eine Rede soeben zu Ende war und der abgetretenen Referentin freundlich applaudiert wurde, aber noch kein Nachfolger das Podium betreten hatte. Entschlossen setzte Dr. Roth sein Vorhaben in die Tat um. Eine Minute später stand er am Pult. Das Auditorium mochte sich zwar wundern, weshalb der Redner einen Kopfverband trug und nicht namentlich vorgestellt wurde, doch niemand nahm Anstoß. Unbehelligt begann Dr. Roth seinen Stegreif-Vortrag: »Denn was ist der Mensch? Meine Damen und Herren, mehrheitlich stellt unsere Spezies, die doch etwas Besseres als ›das Tier‹ sein will, ein ganz besonders, ja einzigartig blödes Biest dar, das zum Krebsgeschwür des Planeten geworden ist. Diese Erkenntnis ist nicht neu oder originell, aber zutreffender denn je.«

Die Zuhörerschaft war nicht sicher, ob es sich um einen rhetorischen Trick handelte. Vielleicht diente eine so bewußt ketzerhafte Einleitung dazu, später desto inniger die »Krone der Schöpfung« zu preisen? Auf jeden Fall genoß der Redner wegen seines Verbandes einen gewissen Schutz, man mochte einen Verletzten oder Kranken nicht gleich niederbrüllen. Andererseits konnte es ja genauso gut gerade durch derartige Äußerungen dazu gekommen sein, daß er bereits was an den Ballon gekriegt hatte. Vorerst wurde also nur geraunt, geschnauft und in den Sitzfalten geknarrt.

Unbeirrt sprach der misanthropische Redner weiter:»Die erfreulichen Hervorbringungen des sich selbst vernunftbegabt nennenden Viehs, das aber nur in seltenen Ausnahmefällen wirklich vernunftbegabt *ist*, verblassen leider hoffnungslos angesichts der unerfreulichen. Ständig mißbraucht es seine spektakuläre Großhirnrinde, auf die es fast so stolz ist wie auf die Tatsache, von allen Primaten die größten Brüste und den größten Penis zu besitzen.« Jemand rief:»Das wollen wir nicht hören!« und:»Offhörn!«

»Lassen Sie mich gefälligst ausreden«, giftete Dr. Roth zurück. »Ein wahnsinniger Aff' ist der Mensch, welcher an alles seinen bornierten Wahrnehmungsmaßstab legt.«

Pfiffe wurden ausgestoßen,»Pfui« wurde geschrien, es wurde unruhig im Saal. Dr. Roth erhob seine Stimme um so lauter: »Durch die Erfindung von miteinander konkurrierenden Gottheiten und den daraus resultierenden Greueltaten hat sich der Mensch einen Gattungsnamen verdient, den er in typisch anthropozentrischer Borniertheit einem harmlosen Verwandten, einem Baumaffen in Afrika oder wo, verpaßt hat: *Satansaffe.*«

Das Publikum protestierte. Wer das überhaupt sei, wurde gefragt. Manche verlangten seine sofortige Lobotomie. Noch stürmte aber niemand das Podium, und der Vortrag ging weiter: »Seit gut zwanzigtausend Jahren hat sich das Menschenpack nicht weiterentwickelt, wenn auch heutzutage Hinz und Kunz auf Knöpfe und Tasten drücken, um damit Prozesse auszulösen, die sie nicht im entferntesten begreifen. Nach wie vor lautet das Credo des selbsternannten Homo sapiens: *Alles, nur keine Vernunft!*«

Er wurde ergriffen und vom Pult fortgezerrt.

»Sie liefern soeben selbst den Beweis für meine Worte«, schrie er, als er schon am Boden lag.»Zwischen Menschen und Zwergschimpansen besteht eine Chromosomen-Übereinstimmung von mindestens neunundneunzig Prozent!«

Ein paar Fundamentalisten, Anhänger verschiedener, einander unversöhnlich bekämpfender Primitiv-Welterklärungsmo-

delle, rissen wutschäumend ihre Pistolen hervor und feuerten minutenlang auf Dr. Roth. Seine letzten, eines gelernten Proktologen würdigen Worte waren: »Ihr Arschlöcher!«
Die grüne, krümlige Substanz blieb, wo sie war.

(Aus dem Roman ›Was geschah mit der Pygmac-Expedition?‹)

»Wenn ich einmal einen Anzug anhabe,
dann rede ich und rede und rede ...«

Das geheimnisvolle Leiden

Als Inhaber des Lehrstuhls für Experimentelle Vergeltungsmedizin an der hiesigen Universität von Kollegen und Studierenden gleichermaßen geachtet, hätte ich ein zufriedenes Leben führen können. Doch leider ließ seit einiger Zeit meine Gesundheit dermaßen zu wünschen übrig, daß ich mich in ärztliche Behandlung begeben mußte. Ein hartnäckiges Blasenleiden in Verbindung mit einer Stimme im rechten Ohr drohte mich zu zermürben. Also schilderte ich einem Spezialisten die Symptome, das allnächtliche dreimalige Aufsuchen der Toilette und die monotonen Wiederholungen der Worte »Ewig hinan« in meinem Ohr. Nachdem er mich untersucht hatte, sprach der Mediziner: »Ihnen fehlt nichts. Sie sind ein klassischer Lithopädion-Hypochonder. Es sollte mich nicht wundern, wenn Sie nächstens auch noch eine Rentenneurose entwickeln.«

Ich beschloß, eine Kur zu machen. Wie es der Dienstweg vorschrieb, beantragte ich bei Erub Igls, dem Alterspräsidenten der Universität, zwei Feriensemester. Meine Eingabe wurde jedoch ohne Angabe von Gründen abgelehnt. Eine dumme Situation. Mir blieb nichts übrig, als fristlos zu kündigen. Die Stimme im Ohr sagte inzwischen: »Du Deutscher, erlöse die Sterne und Götter!« Voller Angst meldete ich mich im Sanatorium des Dr. Hoffmann an. Meine Ersparnisse reichten für einen einjährigen Aufenthalt, und weil ich mir einmal etwas gönnen wollte, mietete ich das Kafka-Zimmer. Nach meiner letzten Vorlesung schenkte ich den Studentinnen und Studenten Geld, damit sie sich etwas kaufen konnten. Einige gaben jedoch viel zu viel aus, so daß ich fürchten mußte, mir das Kafka-Zimmer nicht mehr leisten zu können.

Der Zufall wollte es, daß ich eine intime Beziehung mit Columbia Igls, der Tochter des Alterspräsidenten, unterhielt. Sie war Psychologin und eine ausgesprochene Naturbegabung auf dem Gebiet des Computerwesens. Für gewöhnlich sah man sie mit ihrer Schäferhündin Hilde in der Oberstadt herumlaufen. Dabei pflegten beide gemeinsam zu singen. Hilde war zu jener Zeit dabei, ihr Bewußtsein kolossal zu erweitern. Columbia hatte eigens auf ihre Hündin zugeschnittene Computerprogramme entwickelt, Umkehrungen von Programmen, mit deren Hilfe ursprünglich Menschen in die Lage versetzt werden sollten, die Welt aus der Hundeperspektive zu erfahren. Auf diese Weise lernte Hilde täglich mehr über das menschliche Weltbild.

Columbia fiel aus allen Wolken, als ich ihr kleinlaut von meiner Kündigung und dem nun gefährdeten Sanatoriumsaufenthalt berichtete. Auch von meinem Gesundheitsproblem hatte ich ihr bislang nichts verraten. Sie war zu Recht enttäuscht und verärgert. Hätte ich sie rechtzeitig ins Vertrauen gezogen, wäre es ihr ein Leichtes gewesen, mich psychologisch zu versorgen und außerdem ihren Vater – notfalls mit Gewalt – dazu zu bewegen, mir einen bezahlten Urlaub zu gewähren. Ich schämte mich sehr, und schließlich vergab sie mir. Bald schon sollte sie einen Eindruck davon gewinnen, wie zerrüttet mein Gemütszustand war. Anläßlich unserer nächsten Intimität war ich nicht recht bei der Sache. Ich mußte plötzlich Worte denken, die ich überhaupt nicht kannte. Wer schon einmal Geschlechtsverkehr ausgeübt hat, weiß, wie wichtig eine äußerlich und innerlich ungestörte Situation dabei ist, und wer währenddessen je gegen seinen Willen unerfindliches, dummes Zeug denken mußte, kann in etwa ermessen, wie es mir erging. ›*Leerzeugung*‹, dachte es plötzlich in meinem Bewußtsein, ›*was hier geschieht, ist Leerzeugung.*‹ Natürlich versuchte ich sofort, die Störung abzuschütteln, doch leider erfolglos. Ärgerlich warf ich mir im Stillen vor: ›Ausgerechnet jetzt solche Gedanken! Was bin ich doch für ein Narr!‹ – ›*Nicht nur ein Narr*‹, dachte es selbsttätig weiter, ›*sondern ein Verbrecher und Verschwender! Läßt sich vom Geschlechtstrieb in die Gosse rei-*

ßen, statt ihn zum Fluge in höchste Höhen anzuschirren! Ewig hinan! Ewig hinan zur germanischen Lichtzeugung!‹

Schwitzend sprang ich aus dem Bett. Ganz offenbar verlor ich den Verstand. So gut sie es vermochte, tröstete mich Columbia. Mit einem Marken-Weinbrand leistete sie mir Erste Hilfe. Die Stimme im Ohr schwieg. Aber mir war vollkommen klar, daß sie sich beim nächsten Anlauf zu sexueller Betätigung wieder melden würde. Dieser Gedanke ließ mich fürchten, zu Stellungslosigkeit und Irresein künftig auch noch Impotenz hinzurechnen zu müssen. ›Wer stellungslos, irre und impotent ist‹, entschied ich, ›der kann ruhig auch besoffen sein.‹ Ich leerte die Flasche und fiel in Ohnmacht. Am nächsten Morgen versorgte mich Columbia Igls mit dem Nötigsten und eilte zu ihrem Vater. Vorher schloß sie mich schnell an einen EEG-Computer an, um eine Langzeit-Aufzeichnung meiner Hirnströme durchzuführen. Hilde kam einmal in den Raum getrottet und betrachtete mit schiefgelegtem Kopf, was da vorging. Dann verschwand sie wieder in ihrem Zimmer. Dort hatte sie einen eigenen Computer, den sie allein bedienen konnte. Angeblich war sie bereits in der Lage, in ziemlich abstrakten Begriffen zu denken, und studierte Evolutionsprogramme.

Gegen Abend kehrte Columbia zurück. Sie hatte nicht nur die Bewilligung meines Genesungsurlaubs durchgesetzt, sondern brachte außerdem hochwichtige Informationen über mein Leiden mit. Ein junge Mediziner, der gerade ein Einstellungsgespräch mit ihrem Vater geführt hatte, war *der* Spezialist für diese Krankheit, hatte gar darüber promoviert. Wie von ihm zu erfahren war, litten viele Männer daran, etliche Millionen. Der medizinische Fachbegriff lautet Gygaxose. Verursacht wurde diese durch die Einnahme von Gygaxin forte, einem chemischen Verhütungsmittel für Männer. Das an sich lobenswerte Präparat besaß nämlich eine unangenehme Nebenwirkung: Nach zirka zehn Jahren Daueranwendung wuchsen dem Konsumenten kapitale innere Abdominalgeschwüre. Zunächst wiesen sie ausschließlich Symptome auf, welche die Diagnose »Prostata-Adenom« nahelegten. Später kam das Hören der Stimme hinzu, und das rührte daher, daß die Geschwüre sich zu denkfähigen Wesen entwickelten und mit dem Bewußtsein ihres Wirtsorganismus in Verbindung traten. Ich, ein entschiedener Anhänger der Empfängnisverhütung (nun sogar ihr Märtyrer!), trug ein denkendes Wesen im Unterleib! Obendrein eines, das mir seine Ansichten aufdrängen wollte! Diese Aussichten stammten eindeutig von der Müllhalde, aus der Kloake von Sir Karl Raimund Poppers »Welt 3«, der Welt der »Aufzeichnungen aller intellektuellen Anstrengungen der gesamten Menschheit durch alle Zeiten bis zur Gegenwart« (Zitat John C. Eccles). Was wollte man von derartigen Gewächsen auch anderes erwarten? Ausgerechnet sie, die ihre Existenz einem Verhütungsmittel verdankten, traten ganz entschieden für die Fortpflanzung ein. Jedoch nicht für Fortpflanzung im allgemeinen, sondern einzig und allein für die der »nordischen Rasse«. »Die Adler von Uschardim« nannten sie sich, »Neugottsmänner« (auch »Neublondmänner«) und »Lichtritter«!

»Das muß weg!« rief ich. »Ich will eine Abtreibung!«

»So einfach geht das nicht«, widersprach Columbia. Der junge Mediziner, Dr. Keinholz mit Namen, hatte es ihr genau erklärt. »Rausschneiden ist nicht möglich, weil die Biester immer mit den umliegenden Organen und Schlagadern zusammenwachsen. Sie können nur mittels einer höchst intrikaten Therapie verödet werden.«

Am nächsten Tag sollte Dr. Keinholz kommen und mit der Behandlung beginnen. Columbia sah sich nach dem Frühstück meine EEG-Ausdrucke an. Eine unerwartet große Menge Papier war da zusammengekommen, und die Lektüre versetzte die Psychologin in maßloses Erstaunen.

»An deinen Hirnströmen ist nichts Auffälliges festzustellen«, sagte sie, »aber jemand scheint deine ungenutzten Hirnareale als Speicher für abenteuerliche Daten zu nutzen.«

Eigentlich naheliegend, fand ich. Da nach derzeitigem Wissensstand der Hirnforschung nur ein paar lumpige Prozent der menschlichen Hirnkapazität genutzt werden, konnte das Brachland doch ruhig anderen Zwecken dienen. Ähnlich wie freie Werbeflächen mochte es vermietet werden: Eine feine Einkommensquelle! In meinem Fall lag eineutig eine illegale Nutzung vor. Ich war natürlich neugierig, was da bei mir gespeichert wurde. Columbia entschlüsselte die Daten: Hilde hatte ein Programm entwickelt, das die Evolution der heutigen Hunde zu etwas Neuem beinhaltete. Zu etwas, das über den Menschen hinausgehen sollte. Zur Errechnung dieser Superrasse benötigte sie immense Speicherkapazitäten. Mit einem einzigen Blick hatte Hilde erkannt, welche Möglichkeiten ihr mein an den EEG-Computer angeschlossenes Gehirn bot.

Dr. Keinholz erschien. Gemeinsam mit Columbia ging er die Ausdrucke durch. »Da!« rief er. »Sehen Sie nur, Frau Igls: Die Geschwüre haben über den Computer Kontakt mit Ihrer Hündin aufgenommen. Jetzt verderben sie das arme Tier mit ihren unappetitlichen Ansichten.«

Haarsträubendes kam zutage: Die ahnungslose, politisch und ideologisch unerfahrene Hilde, die nur die Weiterentwicklung ihrer eigenen Spezies im Sinn gehabt hatte, war von den Tumoren vollkommen vereinnahmt worden. Die neue Rasse sollte eine Manifestation der »germanischen Lichtzeugung« werden. Als deren Standort und Reich war der Marsmond Luksusowa vorgesehen. »Ewig hinan!« Wie dort hinzukommen sei, war den in der äußeren Realität unbewanderten »Neublondgottsmännern« noch nicht ganz klar. Doch es war nicht ausgeschlossen, daß sie an Gygaxose erkrankte Wissenschaftler oder Mitarbeiter von Raumfahrtbehörden für ihre Zwecke benutzen würden. »Du Deutscher, erlöse die Sterne und Götter!«

Es galt zu handeln. Ein wirksames Gegenmittel mußte schnellstens auf den Markt. In dieser Hinsicht zeigte sich Dr. Keinholz zuversichtlich, seine Therapie versprach radikale

Abhilfe. Allerdings war zu befürchten, daß die Gygaxin-Werke solche Anstrengungen vereiteln würden. Um seine Einkünfte zu sichern, würde sich der Verhütungsmittelhersteller lieber mit den Geschwüren verbünden. Dr. Keinholz mußte mit einem Mordanschlag rechnen. Und wie sollten wir Hilde klarmachen, daß sie ihr schönes Evolutionsprogramm im Namen der Menschheit aufgeben mußte?

Verdacht: Halsentzündung
Diagnose: Multiple Persönlichkeit

Zusammenhang

341,2 war viel zu derangiert, um das Frühstück zustandezubringen. Es kam Abendbrot dabei heraus. Prompt wurde es draußen dunkel.

›Besteht etwa ein Zusammenhang zwischen den Dingen?‹ überlegte er. ›Eine magische Wechselwirkung? Eine von mir bisher noch nicht erkannte Gesetzmäßigkeit? Kann ich durch besondere Brotsorten, Hand- beziehungsweise Körperhaltungen, Gedanken oder, sagen wir, bemalte Stöcke den Ablauf der Ereignisse beeinflussen?‹

Um das herauszufinden, bemalte er ein paar Stöcke.

Gar nichts geschah.

Kaiserliche Raumfahrt

Ich weiß beim besten Willen nicht mehr, wo und unter welchen Umständen ich sie kennengelernt habe, aber ich weiß noch genau, daß sie mich nach Hause mitnahm und mich dort ihrem uralten Vater vorstellte. Er war schon über neunzig, mußte also bei ihrer Geburt fast siebzig gewesen sein. Wie ich später erfuhr, hatte er seinerseits auch so einen alten Vater gehabt, der als Jugendlicher sogar noch an Napoleons Rußland-Feldzug teilgenommen hatte.

»Nun, junger Mann«, sprach er mich aus seinem Lehnstuhl heraus an, »haben Sie im Weltkrieg gedient?«

Ich verneinte mit dem Hinweis auf mein Alter, er aber fragte weiter: »Und ihr Vater?«

Ich sagte ihm, daß mein Vater im Krieg in Afrika gewesen war.

»Ah«, rief der Alte, »von Lettow-Vorbeck!«

»Nein, Rommel«, korrigierte ich.

»Den Zweiten Weltkrieg hat mein Vater nicht registriert«, erläuterte meine Freundin. Eine Mutter hatte sie übrigens nicht, dafür aber einen Sohn. Vielleicht war der überhaupt der Grund dafür gewesen, daß sie mich mitgenommen hatte, mich, den stadtbekannten, erfolgreichen Jung-Ingenieur, den sie nun einspannen wollte, um mit Hilfe seiner Beziehungen die Karriere ihres Sohnes zu befördern? Dieser hatte nämlich, das vertraute sie mir an, einen Wundermotor entwickelt, und ich sollte ihm helfen, damit in der Fachwelt zu reüssieren. Ich fragte mich, wie alt dieser Sohn wohl sein mochte, denn ich schätzte die junge Dame auf etwa Mitte Zwanzig. Bei meinem ersten Besuch traf ich ihn nicht an, es sollte eine Weile dauern, bis ich seine Bekanntschaft machte.

Nichtsahnend ließ ich mich von meiner Freundin in ihr Zimmer führen und bekam einen Schock. Sämtliche Wände waren mit Konterfeis des letzten deutschen Kaisers tapeziert. Wie sich herausstellte, war sie nicht nur völlig vernarrt in diese unglückselige Figur, sondern bildete sich sogar ein, mit Wilhelm Zwo in geistiger Verbindung zu stehen. Ihren Sohn habe sie von ihm »in Trance« empfangen: »Dort auf dem Teppich.«

Merkwürdigerweise ging ich noch einige Male hin, wahrscheinlich aus Neugier auf den Sohn, von dem sie mir immer grandiosere Dinge erzählte. Er sei »von Gott und Kaiser ausersehen«, eine Weltraum-Mission gegen einen bestimmten Planeten im Sternbild des Kepheus durchzuführen. Von dem Planeten, dem »Stützpunkt des Affengottes Samael Tamarvan und dessen Weib Ishet Zemunin, des Dämons aller Unzucht«, gehe allergrößte Gefahr für die deutsche Nation aus, deshalb müsse er endlich zerstört werden. ›Sleipnir‹, der Raumkreuzer des Kaisers und »planetarischen Gerichtsherrn«, stehe längst bereit, es habe bislang nur noch an einem geeigneten Antriebssystem gefehlt. Das aber habe ihr Sohn jetzt erfunden. Sobald er es eingebaut habe, werde er mit einem Heer aus »Lichtrittern« und »Neublondgottsmännern« zur siegreichen Strafexpedition ins Weltall aufbrechen.

Endlich lernte ich den famosen Jüngling kennen. Er sah höchstens wie zehn aus und irgendwie schief, als ob er einen Schaden hätte. Und auf so einem ruhten die Hoffnungen der deutschen Nation! Nachts lief er durch die Gegend und schmierte auf alle Mauern »Ewig hinan!« und »Du Deutscher, erlöse die Sterne und Götter!«. Es konnte einem schlecht davon werden, wie seine Mutter ihn verhätschelte. Zu meinem Entsetzen gab sie ihm sogar die Brust.

Der Greis sprach wenig schmeichelhaft über die beiden, wenn ich allein mit ihm war. Den abgeschmackten Kaiser-Kult seiner Tochter verachtete er. Hin und wieder, verriet er mir, inszeniere sie Notzucht-Attentate an sich selbst, in dem sie sich entblößt auf den Boden lege und an Tisch und Stühlen festbinde. Ihren Sohn habe sie mitnichten während eines solchen Vorgangs »vom verewigten Kaiser empfangen«, vielmehr sei das überhaupt kein richtiges Kind, sondern eine herausgeschnittene, denkfähige Abdominalgeschwulst, »die sie im Krankenhaus nicht totgekriegt« hätten. Das Ding sei aus der Erde, in der man es verscharrt habe, heraus und in das Bett gekrochen, in dem es eines Morgens von der jungen Frau gefunden worden sei.

»Ich selbst«, sagte er, »habe Anno 1913 an so einer Weltraum-Mission teilnehmen sollen, aber die Raumfahrt war damals noch nicht soweit. Statt dessen hat Wilhelm dann den Ersten Weltkrieg vom Zaun gebrochen. Ausgerechnet mein sogenannter Enkel soll jetzt dafür sorgen, daß der Feldzug wider Samael nachgeholt wird, indem er die technischen Voraussetzungen dafür schafft. Lachhaft! Sehen Sie sich nur einmal seinen sogenannten Wundermotor an!«

Damit reichte er mir einen alten Schuhkarton. Ich öffnete ihn, es lag nichts darin als vier alte Holzklötze.

*Nach dem Zusammenbruch unserer Zivilisation
muß die bemannte Raumfahrt wieder ganz von vorn anfangen.*

Nach dem Zusammenbruch unserer Zivilisation
muß auch die Sportberichterstattung
wieder ganz von vorne anfangen.

DIE VERGEISTIGUNG DES BAUMARKTS
oder WÜSTE GRÜSSE

Eröffnungsrede zur Einzelausstellung Eugen Egners
anläßlich des zwanzigjährigen Jubiläums
der Veröffentlichung des Bildbands
›Als die Erlkönige sich Freiheiten herausnahmen‹
im Atelier Barczat, Wuppertal, am 3. 11. 2006
Von F. W. Bernstein

—

Vor zwölf Jahren genau stellte Eugen Egner zum ersten Mal in Berlin aus. Im April 1994 in der Galerie am Chamissoplatz, einem guten Ort für komische Graphik. Es gab damals eine Doppelausstellung: Eugen Egner und Chlodwig Poth. Das heißt: zwei Wuppertaler gaben sich die Ehre. Genauer: ein Wuppertaler und ein Ingelfinger, wenn man Geburtsorte ernst nimmt. Wuppertal ist eigentlich ein guter Geburtsort: Friedrich Engels, Johannes Rau, Robert Wolfgang Schnell, Else Lasker-Schüler, Chlodwig Poth. Keiner von denen aber blieb lange dort. Nestflüchter allesamt. Nur einer kam: Eugen Egner aus Ingelfingen. Er ist bis heute in Wuppertal geblieben. Seine guten Werke aber kamen im weiteren Umkreis zur Welt. Das fängt 1986 in Wuppertal an: Die ›Erlkönige‹ werden bei Sisyphos verlegt. Vor genau zwanzig Jahren! Eugen, das muß gefeiert werden ... Dann sucht und findet Eugen Verlagshäuser in Zürich, in Greiz, in Zürich, in Greiz, in Zürich, in – Obacht! – in Hannover, in Zürich und schließlich in Frankfurt bei Zweitausendeins – was immer da draus werden wird.

Regelmäßig wirft Eugen Bücher, Romane und Sammelbände auf den Markt. Er arbeitet in Zeitungen und Zeitschriften, meist regelmäßig, ist für den Funk tätig und fürs Fernseh. Man weiß das, man schätzt das und erwartet freudig erregt die Egner-Premieren in den Medien, sei's der ganzseitige Cartoon, sei's die Kolumne, die Predigt, der Leitartikel.

Doch seine regionale und überregionale Medienpräsenz kann nicht davon ablenken und darüber hinwegtäuschen, daß Eugen Egner insgeheim und ungemein an einem Großprojekt arbeitet, hier im Ruhrgebiet einen zentralen Baumarkt zu eröffnen. Oder zu schließen? Um die flächendeckende Versorgung der Bevölkerung mit lärmerzeugenden Geräten zu gewährleisten. Noch gibt es nicht in jedem Haus, auf jedem Stockwerk die Flex, die Hackbohrmaschine, den Laubsauger und Rasenmäher. Eugen weiß: Unsere Welt kann erst untergehen und erlöst werden, wenn der Lärm überhandgenommen hat.

In Erwartung dieser Vorgänge hab ich mir erlaubt, sie schon mal vorsorglich zur Sprache zu bringen:

Apokalypse-Programm

Montag geht die Welt zugrunde
Dienstag regnet's und ist kalt
Mittwoch um die zehnte Stunde
wird kein Geld mehr ausgezahlt.

Donnerstag nur Feuersbrünste
Freitag früh ist Jüngster Tag
Samstag Ende aller Künste
und zwar ZACK auf einen Schlag.

Sonntag herrscht dann endlich Ruhe.

Bis hierher erst mal. (»Glücklich ist, wer vergißt, daß er nicht zu retten ist.« E. E., 1990) Wo waren wir stehengeblieben? Ausstellung, Berlin, April 1994. Ich durfte eine Rede beisteuern. Daraus – mit Verlaub – zitiere ich:

»Er (E. E.) bringt einen neuen Ton ins Spiel: umständlich und pusselig umrandelt er äußerst merkwürdige Szenen. Er ist überhaupt nicht flott, er ist nicht elegant, er hat keinen sensiblen, nervösen Strich, er ist, wenn ich's recht seh, auch nicht unbedingt ein Meister des Goldenen Humors. Was er inszeniert, ist katastrophal. Unbedingt und einwandfrei. Aber es zieht nicht runter. Er verfügt so unbeschränkt und souverän über sein Papiertheater und hält seine Bühne sorgfältig trocken: kein Tran, kein Trief, kein Fett, keinerlei Betroffenheit ... Er trotzt seiner Malkastentechnik ein Äußerstes an Präzision ab. Er schmuddelt mit größter Sorgfalt ohne jede dämonische Kraftmeierei. Die finstersten Monstermotive dreht er ins Grotesk-Komische.«

Das Stichwort für die Kunstwissenschaft – und für die Literaturwissenschaft – ist gefallen:

Eugen Egner ist der Meister der Groteske.

Die Groteske ist eine noble Gattung, an ihrem Altar im Seitenschiff des Kunsttempels werden ihr Opfer an Definitionen und Diskussionen gebracht, ein präzises Summen und Brummen liegt in der dünnen Luft – es geht sehr viel seriöser zu als in der Karikatura-Kapelle – da reden alle durcheinander und es ist ein Graus.

Bei der Groteske aber ist alles klar. Ich zitiere eine Autorität, den französischen Kunstwissenschaftler André Chastel. Bei Wagenbach erschien ›Die Groteske – Streifzug durch eine zügellose Malerei‹. Chastel schwärmt vom »unwiderstehlichen Zauber der Grotesken ... gänzlich bestimmt durch das graphische Spiel ... ohne Dichte und Gewichte, eine Mischung von Strenge und Unbeständigkeit, die an den Traum erinnert«. Große Namen aus der Kunstgeschichte kommen vor, dito aus der Literatur. Chastel zitiert den großen Rabelais (›Gargantua und Pantagruel‹) von

1552. Bitteschön: »So ist des Fastnachts Hirn an Größ und Farb, Kraft, Zeug und Substanz dem linken Hoden eines Milbenmännleins ähnlich: Die Hirnhäut wie eine Mönchsgugel. Die Trommelhäutlein wie eine Drehmühl. Die Nerven wie ein Brunnenhahn ...« Und so fort. Wie's halt aussieht im linken Hoden des Milbenmännleins.

Soviel erstmal zur Groteske. Sie ist – oder sie sollte sein – die Vergeistigung des Baumarkts, und wir hoffen, daß Eugen in seinem geheimen Projekt dem Inventar seines Marktes den Ton abdreht, Dichte und Gewichte auf Null bringt – dann erübrigt sich vielleicht auch die Apokalypse.

Im folgenden Teil meiner Rede habe ich die Ehre, Ihnen Eugen Egner vorzustellen als Grußmeister, ja als Grußvater, wenn nicht gar als Grußwesir. Liebe Gemeinde, im Rahmen meiner Grußpredigt weise ich Sie auf ein Projekt hin, das seit ... Eugen, wie lange schon? ... zwischen Wuppertal und Steglitz per Fax ausgetragen wird, und zwar jeweils Sonntag vormittags. Es findet statt eine Kommunikation per Fernkopierer, deren Informationsfülle mit den Jahren schwindet, doch deren Grußgehalt zunimmt und ins Kraut schießt. Eugens Grußübungen seien hier – in Auszügen – erst mal dokumentiert. Letzten Sonntag zum Beispiel: »Es naht der 3. 11., dann wird vor Ort gegrüßt wie noch nie zuvor. Noch nie in der Geschichte des Grußes ist es so gewesen. O Wuppertal, gebenedeit bist du unter den Städten.«

Die folgenden Grüße sind der Fax-Korrespondenz der Jahre 2002 und 2003 entnommen.

Grußsperre wird aufgehoben.
Grußoffensive rollt.
15. 12. 02, Tag der Grußschleuder.

Was der Egner tut? Das ist doch klar: grüßen tut er (nicht etwa egnern oder egnen, nein: grüßen). Der Gruß ist uns schon aus genetischen Ursachen Alles. Jedoch: Wir ebnen die Gruß-

bahn, denn nach uns wird kommen einer, der soll alles in Grund und Boden grüßen.

Reinheitsgebot für Grüße verschärft. Parteiübergreifend wird die Grußverunreinigung scharf verurteilt.

Der Grußbevollmächtigte erlaubt sich, für im Auftrag des Grüßenden durchgeführte Grußleistungen auf Grund der Grußgebührenordnung zu berechnen. Ihr voraussichtliches Grußeinkommen ist die Berechnungsgrundlage Ihrer späteren Grußansprüche.

Ein Leben im Dienste des Grußes! Der Gruß ist auch unser Anliegen, da die Neuigkeitsübermittlung flachfällt (wieder nix erlebt).

Dem Gruß-Lastschriftverfahren stehen wir ablehnend gegenüber. Es lebe die Gruß-Einzelüberweisung.

Noch zahlt der Grußglockner keine Grußsteuer.

Wenn's aber eins nicht gibt, dann ist das die Grußverschleppung. Prompt und solvent sei der Gruß.

Grußabstreifer auf O-Position!

Nach den verwaltungstechnischen und bürokratischen Regularien nun die Grußappelle und -ausufe des Grußinquisitors:

Eine Grußmahlzeit soll sogleich stattfinden. Hering! Kartoffel! Brot! Antreten! Bringt Apfel- und Zwiebelstücke mit! Seid mariniert!

Mahnmal gegen den Grußschwund.
Grußgries und Grußtropf – ist das die Zukunft?

Hier wird mit Zinkeimern geworfen. Der Grußplan ist erfüllt.

Grußgrund: Sonntag. Grußraum aufsuchen.

Das Grußeisen soll geschmiedet werden, solange es noch blüht.

Die Grußklöße werden geknödelt.
Vor den Kampf haben die Götter den Gruß gesetzt. Gruß schneidet Kampf.

Der Wille zum Gruß ist ungebrochen.
Es lebe der Grußhandel.

Alles grüßt, sagt der Tibeter. Das Tragen von Grußmützchen ist wieder erlaubt.

Im letzten Grußteil läßt Grußmeister Egner die Subjektivität raus sowie Manuela und Mozart sein Grußwerk verrichten.

Ich bin im Lärmerker mit Grüßen zu Haus; die Faust zum Gruß geballt.

Habe eine Grußkiste gebaut für Außengrüße im Winter mit Warmhaltefolie.

Ich habe noch grüßen gelernt in der Alten Grüßerei.

Ob ich auch so gut grüßen kann? So gut wie mit dem Löffel essen? Wenn dereinst die Stunde des Grußes schlägt – seht, da ist sie schon ...

Haben ein Grußgeschäft in der Fußgängerzone übernommen. Es floriert, denn gegrüßt wird immer.

Heute grüße ich, morgen bin ich, übermorgen freß ich der Königin ihr klein Häuschen und die 3. Hypothek.

Manuela hat die stabile Grußlage auf dem Sofa eingenommen.

Manuela setzt das Grußsegel.

Manuela zündet die Grußturbine.

Manuela holt das neue Grußholz, frisch lackiert.

Man hat herausgefunden, daß Mozart-Sinfonien die Grußlust beim Menschen steigert.

Mozart soll sich beim Wiener Kongreß totgegrüßt haben.

a-moll, Mozarts Tonart der Grußlosigkeit.

Manuela dreht den Grußhahn auf und seht: auf der Schaumkrone der Grußflut reitet kein anderer als – Eugen Egner

Schluß des Vorhergehenden.
Und wie ist das mit der Musik bei Eugen? Daß er schreibt und zeichnet, geht in Ordnung. Ein Schriftsteller, der nicht malt und / oder zeichnet, ist ein Halbtalent. Wenn er auch noch Musik

macht, zeigt das nur, daß er alle Tassen im Schrank hat. So viel dazu.

Schließen möchte ich mit dem Appell von Herbert Rosendorfer (auch der ist ein Dreifacher): »Ich bitte, Herrn Egner den Nobelpreis zu verleihen, zumindest aber ihn zum Papst zu wählen.« Das wäre dann Eugen V.

Aber seien wir froh, daß wir ihn noch hier haben. Noch ein Gruß?

Wüst grüßt die Wurst!

Eugen!

Liebe Sabine, lieber Fritz!

08.08.
2010

Augustgrüße setzen ein.

Mild Wetter, Regen und abends warm Essen.

Ob wohl jemand (irgend-) so reich ist, daß er zu reich zum Trinken ist? Oder zum Grüßen?

Kohleofen oder Minibar? Nachtkastel? Kind gar?

Nicht für allen Habermus der Welt

Bin faul zur Zeit.

Hab am Freitag Tafel Schokolade im Bioladen liegen lassen. Einmal vergaß ich das Bezahlen. So fangts an.

Manuela aber grüßt guter Dinge. Glühbirnen für 200 Euro haben wir gekauft: Hamsterkauf.

Erinnerungen an Musik-erlebnisse:

Bei einer Rundfunk-übertragung der Wanderer-Phantasie hab ich mir mal un heimlich die Nase geputzt!

Die Entstehung der Arten (nach Plötz)

Nach Art der Entstehung grüßt Euch Euer Eugen

LIEBE SABINE, lieber FRITZ

Begrenzter Grußvorrat?
Nö. Draußen is noch!

Manuela z.B. grüßt mit
neuer Schleifmaschine.
(Bekommt bald auch Digital-
kamera)

Kann man Grüße photographie-
ren?

Schnork

(Ein Wort, das sich
nicht zum Brüllen
eignet)

Wissenschaft hat herausgefunden: ich bin abwaschbar.
Sitze hier im Grüßerhemd und grüße Euch total enthemmt:

Euer Eugen

Vorzeitiger Grußvollzug! Blatt war ja noch
gar nicht voll!

Sondergrußvereinbarung

Soll der Erlösungsgedanke
stärker im Vordergrund
stehen?

Vermummter Gruß
(verboten)

← Auch die Vermummten grüßen

Liebe Sabine, lieber Fritz!

22.08.2010

Ist doch mein Personalausweis abgelaufen! Seit zwei Monaten gibt es mich offiziell gar nicht mehr, und doch grüß ich zu jeglicher Stund.

Grußschwebung (Hypnose)

Da wollten wir heute Freunde besuchen, aber der Gastgeber bekam den Lumbago und aus war's. Kein Kuchen. Nix. Aber Manuela grüßt mit Leichtigkeit!

Wer hat, der hat: Grussphoto frisch vom Faß. Fass.

Bin schon gespannt, was ich mir heute abend kochen werde.

Was DER sich wohl kochen wird?

Regen und Gewitterbören in Grußnähe.

Bei offenem Fenster grüßt Euch Euer Eugen

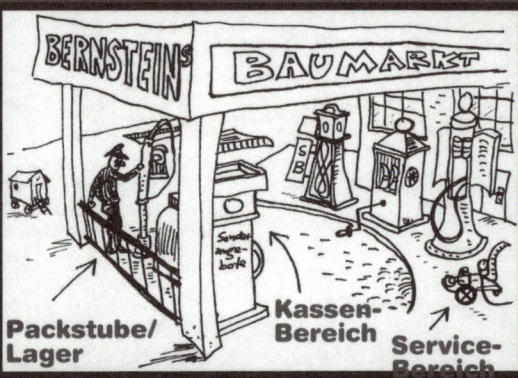

III

Not und Rat

Not und Rat in dunkler Zeit

Es fing an zur Zeit der Mondprojektionen. Für diejenigen, die zu jung sind, um sich daran erinnern zu können, möchte ich dankenswerterweise hinzufügen, daß die Zeit der Mondprojektionen auch die Zeit der Diskussionen über Glühbirnen war. Oder der Diskussionen *unter* Glühbirnen, denn nicht wenige Menschen gebrauchten damals, dem neuen Sprachgebrauch entsprechend, die uns heute unsachlich anmutende Formulierung »das Gespräch der Glühbirnen, als es dunkel war«. Schon damals konnte sich niemand etwas darunter vorstellen, deshalb wurde zur endgültigen Klärung des Begriffs sowie der Folgen ein Rechtsanwalt hinzugezogen. Am Rande sei noch angemerkt, daß die Zeit, um die es hier geht, auch die Zeit der ungezügelten Rechtsanwaltsvermehrung war. Nun ist hiermit also erschöpfend dargelegt worden, wann es anfing. »Und dann?« werden diejenigen fragen, die zu jung sind, um sich daran erinnern zu können. Dann ging es weiter, sage ich, aber wie! Entgleiste jugendliche Güterballons tauchten im Scheinwerferlicht auf. Jawohl, ich wiederhole: Entgleiste jugendliche Güterballons tauchten im Scheinwerferlicht auf. Ihr Anführer trat vor und verlangte mit dampfendem Atem, einen Anwalt zu sprechen. In einer Zeit der ungezügelten Rechtsanwaltsvermehrung schien es ganz selbstverständlich, daß es auch einen für die Belange entgleister jugendlicher Güterballons geben mußte. Der einzige Anwalt auf dem ganzen verdammten Projektionsmond war aber der, den man zur weiter oben erwähnten Begriffsklärung hinzugezogen hatte. Und der war deshalb nichts weniger als entzückt, sondern nichts mehr als entsetzt. Nun auch noch entgleiste jugendliche Güterballons vertreten zu müssen, war einfach zuviel für ihn. Nachts lief er in seinem engen Badezimmer auf und ab, immer wieder denselben Satz wiederholend:»Es ist alles viel zuviel! Ich wiederhole: Es ist alles viel zuviel!« Daran werden sich einige der jüngeren Leute gewiß noch erinnern. (Es gibt aus jüngerer Zeit auch ein Bild mit dem Titel ›Jüngere Leute tauchen im Scheinwerferlicht auf und erinnern sich‹, Maler unbekannt.) An diesem Punkt wußte sich der Anwalt nicht mehr allein zu helfen. Zum ersten Mal in seinem Leben mußte er die Hilfe eines professionellen Ratgebers in Anspruch nehmen. Der einzige Ratgeber auf dem ganzen verdammten abscheulichen Mond war aber ein zierliches, blondes Mädchen, von dem man ohne Brille nichts Genaueres erkennen konnte. Auf für den Ratgeberberuf typisch geheimnisvolle Weise empfing das blonde Mädchen den Anwalt unter der Radarstation, wo es sehr staubig und, ehrlich gesagt, etwas unaufgeräumt war. Klumpiges aus vielen Ländern lag herum. Interessant war die Sprachregelung, der das Ratgeber-Mädchen folgte. Es sagte nämlich nicht »Klumpiges aus vielen Ländern«, sondern (nach der jüngeren Übersetzung) »Stück von viel des Landes«. Das klang mehr als blöd, und als Älterer konnte der Anwalt darüber nur den Kopf schütteln.

»Schildern Sie mir Ihre Not«, sprach das Mädchen dann aber gut verständlich. Dadurch etwas entspannter, begann der Anwalt: »Entgleiste jugendliche Güterballons tauchten im Scheinwerferlicht auf.« Schon unterbrach ihn das Mädchen und verbesserte: »So drückt man sich nicht mehr aus. Heute sagt man: ›Fehlgeleitet der Ballone von Waren der Jugend entstand im Bündel des Projektors.‹ Aber ich verstehe, was Sie meinen. Fahren sie fort.« Auf der Grundlage ihres bilingualen Verständnisses erteilte sie dem Anwalt dann den Rat: »Lassen Sie weg die Linie der Ballone der Waren von Jugend im Strahl des Lichtes des Projektors, wenn die Notwendigkeit ist.«

Die Not des Anwalts wurde dadurch indessen nicht gelindert, sondern griff sogar aufs Vorhemd über. Und zur vorbestehenden Not kam dann zu allem Überfluß noch der pausenlose Schneefall auf dem abscheulichen Mond hinzu. Oder, wie das Ratgeber-

Mädchen gesagt hätte: »Der Rechtsanwalt fügte noch ununterbrochenen Schnee im schrecklichen Mond hinzu.«

»Der Schnee dort bestand aus Fleisch«, berichtete der Anwalt später, »aus klumpigem Fleisch.« Dann zog er sich in sein enges Badezimmer zurück, um auf einem kleinen Schwarzweißmonitor die Nachfahren der entgleisten jugendlichen Güterballons zu überwachen. Denn das war inzwischen seine Profession. So jedenfalls sprachen die Glühbirnen zueinander, als es dunkel war.

Eine Jagdhieb-Landschaftsgeschichte

In der Landschaft draußen müssen wir gegebenenfalls den Jagdhieb einsetzen. Wir finden ihn bei Karl May ausgiebig und unaufhörlich beschrieben, daher muß er hier nicht eigens dargestellt werden. Statt dessen gehen wir tiefer in die Landschaft hinein, was entsprechende Geräusche verursacht. Ein Zoologe ist bei uns, Dr. Bartok von der Forschungsstation. Er kennt auch die Ordnung der Papageien, doch davon wollen wir jetzt nichts hören. Dr. Frankfurter kommt keuchend über das Hochplateau gelaufen und ruft schon von weitem etwas, das wie »Ein Eklat des Vertrauens« klingt. Was kann er damit meinen? Er ist, als er uns endlich erreicht hat, so völlig außer Atem, daß er bis zum Ende dieses Textes kein Wort herauszubringen imstande ist. Wir schleifen ihn mit, immerhin ist er Dr. Frankfurter, und vielleicht können wir ihn noch einmal gebrauchen. Im Weitergehen betrachten wir die ausgezeichnete Wirkung der Anpassung von Gelände und Hintergrund. Was uns nicht gefällt, ist der Staub, der sich mit der Zeit auf Bäumen, Sträuchern und anderen Geländeteilen ansammelt. Dieser Staub stellt uns jedes Mal, wenn wir mit ihm konfrontiert werden, selbst auf allerkleinstem Raum, vor neue Probleme. Gerade hier, in der Landschaft, können wir ihn am wenigsten gebrauchen. Er bedeutet eine Geländestörung. Abfälle kann man immer und überall nutzbringend verwenden, Staub aber nicht. Der schnaufende, nach Luft ringende Dr. Frankfurter ist nach kurzer Zeit über und über davon bedeckt.

Doch es gibt noch anderes. Es nähern sich Geräusche in der Höhe, ein hohes Sausen und Pfeifen. Instinktiv nehmen alle die Stellung für den Jagdhieb ein. Dr. Bartok klärt uns auf: »Das sind nur kleine fliegende Teufel. Ganz harmlos. Sehen Sie!« Wir lassen die Arme sinken und blicken nach oben. Der Schwarm fliegt über uns hinweg, zu erkennen ist nicht viel. Aber wir spüren die elektrischen Schwingungen, die die fliegenden kleinen Teufel erzeugen. Unter der Einwirkung gleichmäßiger mechanischer Quarzschwingungen werden mechanische Deformationen in stabilisierte Hochfrequenzschwingungen umgewandelt. Dadurch setzt sehr schnell die Dämmerung ein. Wir müssen uns um eine Übernachtungsmöglichkeit kümmern. Das ist in der Landschaft allerdings nicht so leicht wie in der Stadt. »Am Bahnhofsplatz gibt es fast immer einige Hotels, wenigstens doch eines«, schwärmt Frau Dr. Brandenburg, eine starke Raucherin. Ja, am Bahnhofsplatz könnten wir im Licht energiesparender Leuchten mühelos einen modernen Hotelbau finden. Doch davon haben wir jetzt nichts. Der Wind trägt Krähengeschrei heran, ein Hund bellt in der Ferne, eine Kirchenglocke schlägt in unregelmäßigen Abständen immer wieder. Ein paar Schüsse fallen, die Kugeln pfeifen an uns vorbei. Strömender Regen setzt ein, die Zigarette von Dr. Brandenburg verlischt, unsere Stimmen klingen gurgelnd. Dr. Frankfurter droht nun auch noch zu ertrinken. Es geht beim besten Willen nicht anders, wir müssen den Jagdhieb einsetzen, um die Landschaft zu erledigen.

Kirche, Küche, Kündigung

Gewiß würden manche an dieser Stelle lieber einen unbeschwerten Unterleibswitz lesen, doch ungeachtet dessen will ich für die gegenwärtige Generation sowie alle folgenden den nachstehenden Sachverhalt unmißverständlich darlegen:

Eine Arbeitnehmerin hatte neben einer im Ort Berlin angemieteten Wohnung einen eigenen Hausstand im Wald. Sie mußte, wie sie auf Befragen zu Protokoll gab, schulische Probleme wahrnehmen und machte daher Aufwendungen für doppelte Haushaltsführung geltend, die Finanzamt und Finanzgericht jedoch nicht anerkannten. Nach Ansicht des Finanzamts (und des Finanzgerichts) fehlte im Wald eine Küche für die Anerkennung eines eigenen Hausstands. Ein Kühlschrank, ein Rasierapparat mit Fahrgestell sowie eine Mikrowelle reichten, wie es hieß, nicht aus. Der Bundesfinanzhof entschied daraufhin heimlich, daß eine doppelte Haushaltsführung auch dann anzuerkennen ist, wenn es an einer eigenen Küche fehlt, im übrigen aber alle anderen Voraussetzungen, zum Beispiel regelmäßiges Möbelablecken, erfüllt sind (Kasseler Modell). Wenn obendrein ein Kochtopf fehlt, ist dies nicht als Kündigungsgrund zu bewerten, wenn hingegen ein Arbeitnehmer nicht imstande ist, in deutscher Sprache abgefaßte Arbeitsanweisungen (etwa »Melden und Knallmelden«) zu verstehen, kann dies aber sehr wohl Grund für eine ordentliche Kündigung sein. Dies hat das Bundesarbeitsgericht im Falle eines aus einer gespenstischen Würstchenbude stammenden Ausländers entschieden, der entlassen wurde, nachdem beim Zubettgehen festgestellt worden war, daß er die zum Zwecke der Qualitätssicherung verfaßten Arbeitsanweisungen seines Arbeitgebers (»Zeichnen Sie die Büchermale Christi«) nicht lesen konnte. Hierauf hatte der Arbeitgeber mit Hilfe eines von der Landesregierung gewährten Arbeitsstupendions die Kosten eines Sprachkurses übernommen, der allerdings nicht den gewünschten Erfolg brachte. Der Arbeitnehmer beherrschte nach Ablauf eines Jahres lediglich den Satz »Ich enthalte Sulfite«. Außerdem legte er bei jeder Gelegenheit seinen abgelaufenen Presseausweis vor. Das war nicht im Sinne des Gesetzes (meiner Mutter hätte es auch nicht gefallen), deshalb drohte der Arbeitgeber in roter Kleidung eine Kündigung an und sprach diese letzten Endes mit Zustimmung von Kirche und Küche offen aus. Anders verhielt es sich im Fall eines anderen Arbeitnehmers. Nach mehr als fünfundzwanzig Jahren war die DNS seiner Kochtöpfe (zu ›Kochtopf‹: s. o.) weitgehend identisch mit seiner eigenen. Es bestanden keine zwei Prozent Differenz mehr, genau genommen sogar bloß ein Prozent. Nach eingehender Überprüfung durch den Amtsarzt sprach dieser im elektronischen Bundesanzeiger von einer »ganz laienhaften Psychose«, die Finanzamt und Finanzgericht nicht anerkennen würden. Dem entsprechenden Arbeitnehmer mußte rechtmäßig gekündigt werden, korrigiere: regelmäßig gekündigt werden, weil er für seine Zweitwohnung im Wald – halt, halt! Aufhören! Hier werden Steuergelder verschwendet! Dieser Text muß sofort aufhören!

Landschaftslampen

Die Landschaft, die Krakauer an seinem ersten Arbeitstag zu sehen bekam, erinnerte ihn an eine alte, stark vernachlässigte Modelleisenbahnanlage. Die Gleiskörper waren wie nach einer schweren Privatisierung verbogen und verrottet, vereinzelt lagen umgekippte, vom langen Liegen halb aufgelöste Lokomotiven und Waggons herum. ›Hoffentlich muß ich das nicht alles aufräumen‹, dachte Krakauer ängstlich. Zu seiner Beruhigung sagte Ingenieur Heckel aber: »Wir überprüfen die Beleuchtung in der Landschaft und ersetzen, wo nötig, defekte Glühbirnen durch neue.«

Dafür waren also die vielen Ersatzbirnen auf dem Handwagen gedacht, den Krakauer zog. »Hierzulande herrscht eine schwere Sonderform der Entropie«, fuhr Heckel fort. »Alles geht sehr schnell kaputt, vor allem Glühbirnen.« Er zeigte auf einige Beleuchtungseinrichtungen, denen der Defekt deutlich anzusehen war. Heckel ließ sich ein paar intakte Birnen aus der fahrbaren Vorratskiste geben und demonstrierte, wie das Auswechseln vor sich ging. Ein Aus- und Einschrauben großen Stils fand statt, man geriet ins Schwitzen. Hin und wieder waren Laternenmasten zu erklimmen, was Krakauer aber höflich ablehnte.

»Sie werden bald Nachschub aus der Glühbirnenfabrik holen müssen«, meinte der Ingenieur mit Blick auf den sich leerenden Handwagen. Was Krakauer noch nicht begriffen hatte, war, wo die nicht mehr funktionierenden Birnen beziehungsweise, wie Heckel einmal hervorhob, »Allgebrauchslampen« blieben. Sie schienen sich nach dem Herausschrauben in Luft aufzulösen, denn weder gab es irgendwo ein Sammelgefäß für sie, noch wurden sie einfach in die Gegend geworfen. Statt sich danach zu erkundigen, fragte Krakauer: »Was ist das hier eigentlich für ein Planet? Oder Mond?« Heckel stieg wieder zum Erdboden herab und sagte:»Wir wissen auch nicht genau, was es ist. Es könnte sich um so etwas wie eine andere Dimension handeln. Lassen Sie uns weitermachen. Es ist noch viel zu tun, wenn auch die Vorräte schwinden.«

Während er den rumpelnden Karren mit den klingelnd aneinanderschlagenden Glühlampen zog, wagte Krakauer eine weitere Frage:»Weiß man denn etwas über das hiesige Tageslicht? Ich finde es etwas eigenartig, wenn Sie erlauben.« – »Es wird von keiner Sonne erzeugt«, antwortete Heckel ganz sachlich. Krakauer wunderte sich:»Von keiner Sonne? Aber es ist doch hell hier!« – »Das ist tierisches Licht«, versetzte Heckel. Sein Assistent konnte es nicht fassen:»Wie bitte?« – »Tierisches Licht, von Tieren gemacht.« – »Nein!« – »Doch! Das ist erforscht. Tiere machen das Licht, und wenn sie schlafen gehen, wird es dunkel. Deshalb installieren wir überall Beleuchtungskörper.« Heckel weitete seinen Vortrag aus:»Der Strom für die Peitschen- und Promenadenlampen kann aus dem Buschbeleuchtungssystem entnommen werden. Man kann heute die Lampen leicht auswechseln, während man früher die ganze Leuchte wegwerfen mußte, wenn die winzige Birne defekt war.«

Krakauer sah ihn bewundernd an und sagte:»Ich könnte Ihnen für immer zuhören!«

Die Tochter des Monddoktors

Als ich noch zum Konfirmandenunterricht ging, gab es eines Abends in unserer Wohnung große Aufregung. Meine Eltern und Großeltern hatten im Wohnzimmer gesessen, nun fand ein hektisches Laufen und Rufen statt. Etwas Ernstes mußte geschehen sein. Meine Mutter war nicht zu sehen, die anderen wirkten kopflos, taten mir gegenüber jedoch überaus geheimnisvoll. Als ich besorgt wissen wollte, was los sei, wurde ich in mein Zimmer zurückgescheucht. Ich glaubte aufzuschnappen, meine Mutter habe sich versehentlich eine Stricknadel in die Brust gestoßen, aber ich konnte mich genausogut auch verhört haben. Mein Vater eilte zum nächsten öffentlichen Fernsprecher, um den Hausarzt zu rufen. Ich zog mich an und verließ unbemerkt meine mit sich selbst beschäftigte Familie.

Draußen zu sein, war eine Befreiung. Ich folgte der Straße, die schließlich eine Linkskurve beschrieb und in eine Senke führte. Sowie ich mich in der schlecht beleuchteten Kurve befand, gewahrte ich auf dem Areal, das sie einfaßte, etwas, das sich beim Näherkommen als eine Art Wanderzirkus herausstellte. Ich konnte ein winziges Zelt erkennen, einen Wohnwagen mit Licht in den Fenstern, eine Zugmaschine und einen Käfigwagen. Dieser Anblick verblüffte mich, unwillkürlich blieb ich stehen und machte, nicht zuletzt wegen der Dunkelheit, große Augen. Da wurde die Tür des Wohnwagens geöffnet. Im herausfallenden Lichtschein tauchte ein korpulenter älterer Mann auf, grüßte mich freundlich und sagte:»Es ist alles fertig, wir können anfangen.« Weil ich glaubte, entweder nicht richtig gehört zu haben oder mit jemandem verwechselt zu werden, verharrte ich unschlüssig. »Kommen Sie!« rief der Mann mir lachend zu. Ich wußte nicht, was ich tun sollte. Mir wurde klar, in welcher Gefahr ich schwebte. Mutterseelenallein im Dunkeln unterwegs, durfte ich mich keinesfalls von einem Unbekannten in seinen Wohnwagen locken lassen. Meine Familie wußte nicht, wo ich war, Hilfe gab es weit und breit keine. Also war es das Beste, nach Hause zu laufen. Eine Sekunde bevor ich meinen Entschluß in die Tat umsetzen konnte, erschien ein zweiter Mann in der hellen Türöffnung. Merkwürdigerweise sprach er mich mit meinem Vornamen an. Die Stimme kam mir vertraut vor. Wer konnte das sein? Da erkannte ich ihn – es war der Gemeindepfarrer! Auf gewohnt strenge Weise sagte er:»Nun komm schon her. Du hörst doch, was der Herr sagt: Es ist alles fertig, wir können anfangen.«

Ich traute mich nicht zu fragen, *womit* wir anfangen konnten. Der Pfarrer stellte für meine ganze Familie eine über jeden Zweifel erhabene Autorität dar, ihm nicht zu folgen, würde mir unweigerlich Ärger einbringen. Ich haßte mich selbst dafür, aber ich gab nach und ging zu dem Wohnwagen. Wenn der Gottesmann ein Irrer oder ein Verbrecher war, hatte ich Pech. Meine Mutter hätte gewollt, daß ich ihm gegenüber folgsam war. Wie es ihr wohl gehen mochte, fragte ich mich, während ich die hölzerne Treppe zur Tür des Wagens hinaufstieg. Das Licht, auf das ich zuging, fand ich plötzlich so verlockend, daß ich alle Bedenken vergaß. Als ich eintrat, machte mich der Pfarrer mit dem älteren Herrn bekannt:»Das ist der Monddoktor.« Ich nannte meinen Namen, verstand ihn aber selbst nicht.

»Angenehm«, sprach der sogenannte Monddoktor zu mir, »darf ich Ihnen meine Tochter vorstellen?« Indem er dies sagte, entstand in der Luft vor mir ein Mädchen, eine junge Frau, vielleicht zwei, drei Jahre älter als ich und, wie ich fand, mit dem Aussehen eines Engels. Ihr Blick widersprach diesem Eindruck allerdings. Etwas hilflos versuchte ich, den Raum, in dem ich stand, optisch zu erfassen. Dabei kam ich nur bis zu einem kleinen Affen, der links von mir vor einer Lampenfassung saß und Glühbirnen ein- und ausschraubte. Ich konnte mich nicht einmal angemessen darüber wundern, denn der Pfarrer erklärte das

Mädchen und mich überraschend zu Mann und Frau. Anschließend schob mich der »Monddoktor« zur Tür hinaus und sagte: »Nun geh heim und grüß schön.«

Im nächsten Moment lief ich draußen die Holztreppe wieder hinunter. Ich verstand gar nichts. War ich nicht viel zu jung zum Heiraten? Und warum ging ich allein nach Hause, wenn ich frisch verheiratet war? Wo war das Mädchen? Was sollte das alles? Darüber dachte ich auf meinem Weg nach.

ES WIRD IMMER DICKER!

Nimmersatt Eugen Egner platzt wahrscheinlich bald
Von Gerhard Henschel

—

Engere Freunde und Bekannte hatten schon seit längerer Zeit mit Sorge die sprunghaft wachsende Dickleibigkeit des Wuppertaler Aktionskünstlers und Hobbygärtners Eugen Egner (79) beobachtet. Seit letzter Woche weiß auch die breite Öffentlichkeit darüber Bescheid, dank der dpa-Meldung ›Dicker Mann acht Stunden lang in Bustür eingeklemmt und danach fast ertrunken‹. Was war geschehen? Nach dem Verzehr eines Napfkuchens, diverser Bratwürste und eines Schwarms geräucherter Forellen hatte Eugen Egner, getrieben von Heißhunger, sein Erbhäuschen verlassen und einen Linienbus bestiegen, um in einem Delikatessengeschäft weitere Nahrungsmittel zu erwerben. Zur Wegzehrung hatte er zuvor an einer Imbißstation drei Schweinshaxen und einen fürstlichen Haufen Currywurst in seinen Besitz gebracht und mit diesem Vorrat in der Hand so gerade eben noch durch die Tür in den Bus hineingepaßt. Sieben Stationen später hatte Egner aussteigen wollen. Doch er verkeilte sich mit seinem Bauch im Türrahmen und konnte erst nach langwierigem Schneidbrennergebrauch durch Experten der Feuerwehr aus seiner mißlichen Lage befreit werden.

Zu allem Unglück zerbarst kurz darauf ein Kanaldeckel unter Egners Gewicht, was zur Folge hatte, daß der soeben erst Befreite sieben Meter in die Tiefe stürzte und von den Fluten davongespült wurde, bis er abermals steckenblieb. Nun mußte ein Spezialkran aus Solingen angefordert werden. Ein Team von Rettungssanitätern zog den völlig durchnäßten und nach eigenen

Angaben inzwischen auch gänzlich ausgehungerten Nimmersatt mittels einer elektronisch gesteuerten Eisenstahlwinde aus der Kanalisation heraus und versorgte ihn intravenös mit Flüssignahrung, bis er wieder soweit hergestellt war, daß er Speckpfannkuchen zu sich nehmen konnte.

Noch am gleichen Abend ließ sich Eugen Egner von zwölf starken Männern in ein Fernsehstudio tragen, um als Gast des Moderators Reinhold Beckmann Auskunft über den Verlauf des Unfalls zu geben, und zwar im Liegen, notgedrungen, weil sich eine aufrechte Sitzposition nicht einmal mehr künstlich herstellen ließ. Interessanterweise ragte das Bauchmassiv dabei steil in die Höhe und wies doch zugleich die Eigenschaft auf, an beiden Seiten des Körpers herunterzuhängen und sich wie Hefeteig auf dem Boden auszubreiten. Als bedenklich haben viele Zuschauer den Umstand empfunden, daß Egner sich in der Sendung fortlaufend Austern reichen ließ und sie gierig ausschlürfte, während er sich gegen den Vorwurf verwahrte, übertrieben gefräßig zu sein. Er sei niemandem Rechenschaft schuldig über seine Eßgewohnheiten, erklärte Egner mit vollem Munde und ließ sich zum Schluß sogar auf die Wette ein, daß er nicht in der Lage sei, innerhalb von zwei Minuten ein komplettes Spanferkel zu vertilgen, inklusive Sterz und Rüssel.

Darauf folgte ein Freßspektakel, von dem sich selbst hartgesottene Menschenkenner abgestoßen fühlten. Einer von ihnen schrieb in ›Bild‹: »Lieber Eugen Egner, ich habe Sie ›essen‹ gesehen. Es tut mir leid um jedes Tier, das in Ihrem Magen verschwindet. Sie würden auch Bambi essen. Ja, Sie würden auch Flipper und Lassie verspeisen und als Grillbeilage wahrscheinlich sogar Feivel, den Mauswanderer. Sie essen unsere Kultur auf. Ihr Schmatzen ist das sicherste Zeichen dafür, daß wir zum Untergang verdammt sind. Herzlich, Ihr Franz Josef Wagner.«

Er kenne diesen Herrn Wagner nicht, hat Eugen Egner wiederum in einem Interview mit dem ›Gourmet-Journal‹ gesagt, »aber wenn es sein muß, esse ich ihn auf. Ich habe mir schon ganz andere Dinge einverleibt. Und ich habe Hunger. Hunger! Rollen Sie mich bitte zur Kantine!«

Nach den jüngsten Informationen, die uns vorliegen, ist Egner zuletzt am Kamener Kreuz gesichtet worden, auf allen vieren, mit einem Iltis zwischen den Zähnen. Für Hinweise, die zur Ergreifung des Egners führen, hat der Deutsche Tierschutzbund eine Belohnung in Höhe von einer Million Euro ausgelobt.

(taz, 1. Februar 2010)

Nach- und Hinweise

Prähistorische Trickaufnahme
(Heute ist man weiter)

Nach- und Hinweise

Die meisten Texte erscheinen hier zum ersten Mal in Buchform. Viele der Prosa-Miniaturen aus Teil I erscheinen hier überhaupt zum ersten Mal *(Reise mit Eltern* bis *In der Silvesternacht* sowie *Abschied des Briefträgers* und *Ranz und Hartebeest).* Sie sollten 1994 in der Reihe »Haffmans' Helfende Hand« veröffentlicht werden, in der zuvor, 1991, auch Eugen Egners *Tagebuch eines Trinkers* erschienen war. Widrige Zeiläufte ließen das Projekt scheitern, es blieb liegen und konnte erst jetzt wieder geborgen werden.

Die übrigen Texte erschienen zuvor in Zeitungen, Zeitschriften, Anthologien; einige wurden vom Autor in größeren Prosatexten verarbeitet. Alle Texte wurden für die Buchpublikation durchgesehen und hier und da verbessert. Die Anordnung folgt annähernd der Chronologie ihrer Entstehungen, mit den Texten vorwiegend aus den späten 80er und frühen 90er Jahren in Teil I, den Texten aus den 90er und 00er Jahren in Teil II und neuesten Arbeiten aus den Jahren 2009 / 2010 in Teil III.

Die Ersterscheinungsdaten im einzelnen:

Junggesellenjahre: ›Der Rabe‹, Nr. 21, 1988.

Aus meinem knöchernen Reisetagebuch: ›Kowalski‹, Januar 1992.

Die Fische: in Eugen Egners Roman *Der Universums-Stulp,* 1993.

Gutenachtgeschichte: in Eugen Egners Kurzroman / Langerzählung *Als der Weihnachtsmann eine Frau* war, Haffmans 1992.

Große Polizei-Reform: ›Titanic‹, Januar 2004; der Schlußwitz findet sich auch in Eugen Egners Prosa-Sammlung *Die Traumdüse,* kuk / Edition Phantasia 2009.

Fischreparatur: ›Titanic‹, Januar 2004; leicht gekürzte Prosafassung unter dem Titel *Eine interessante Betriebsbesichtigung* in *Die Traumdüse.*

Exklusiv-Interview mit der Beatles-Tochter: ›Titanic‹, April 2004.

Mir den Stromschlauch: Erstveröffentlichung; Fax an den Hg. vom 22. August 1996.

Die eßbare Eisenbahn: in Nils Folckers / Wilhelm Solms (Hg.), *Risiken und Nebenwirkungen – Komik in Deutschland,* Edition Tiamat 1996.

High-Tech Alcohol: in Jürgen Roth / Hermann-Joseph Schuh (Hg.), *Rausch und Künste – »Schleifkannen am Himmel«,* konkursbuch 29, 1994.

Eine Zirkusgeschichte aus neuerer Zeit: Erstveröffentlichung; Fax an den Hg. vom 4. Juni 2002; Urfassung einer Version, die als Begleittext zur CD *Harry Rowohlt liest Aus dem Tagebuch eines Trinkers und andere Texte von Eugen Egner* im selben Jahr bei Zweitausendeins erschien.

Variationen über eine Brötchentüte: Erstveröffentlichung; »Informationstext« in Eugen Egners Einzelausstellung ›Wunder und Variationen‹, Comix Shop, Basel 1998.

Das geheimnisvolle Leiden: Erstveröffentlichung; geschrieben 1997; Motive und Namen verwendet in *Der Nationaltanz* und *Sterbt Menschen aus* (in Eugen Egners Kurzprosa-Sammlung *Die Durchführung des Luftraums,* Zweitausendeins 2002), außerdem *Mackarts Kopf* (in dem Erzählungsband *Die Eisenberg-Konstante,* Haffmans 2001) und *Hunde* (in dem Erzählungsband Nach Hause, Zweitausendeins 2007) sowie in dem WDR-Hörspiel *Darwins Lücke* (2004).

Zusammenhang: Erstveröffentlichung; geschrieben Juli 2000, ursprünglich für den kleinen *341,2-*Zyklus in *Die Durchführung des Luftraums.*

Kaiserliche Raumfahrt: Erstveröffentlichung; geschrieben vermutlich Februar 2001; Motive verwendet in *Gift Gottes* in dem gleichnamigen Erzählungsband (Zweitausendeins 2003).

Not und Rat in dunkler Zeit: unter dem Titel *Klumpiges aus vielen Ländern* in der ›taz‹, 4. 4. 2010.

Eine Jagdhieb-Landschaftsgeschichte: unter dem Titel *Landschaft mit Jagdhieb* in der ›taz‹, 20. 10. 2009.

Kirche, Küche, Kündigung: ›taz‹, 20. 7. 2010.

Landschaftslampen: ›taz‹, 11. 11. 2009.

Die Tochter des Monddoktors: ›Berliner Zeitung‹, 28. / 29. 8. 2010.

Der Abdruck der Gastbeiträge erfolgt mit freundlicher Genehmigung der Autoren.

Die *Laudatio*, die Harry Rowohlt im November 2003 anläßlich der Verleihung des Preises für grotesken Humor an Eugen Egner im Kasseler Rathaus hielt, stellt, wie die Kennerin, der Kenner unschwer erkennt, eine Collage dar aus folgenden Texten Eugen Egners: *In der Schmarotzerlehre* (aus *Getaufte Hausschuhe und Katzen mit Blumenmuster*), *Statt eines Nachworts* und *Die neuen Bücher* (aus *Als der Weihnachtsmann eine Frau war und andere erstaunliche Geschichten*) sowie *Gott, gib mir meine Notizen wieder* und *Wie Bücher geschrieben werden* (aus *Die Traumdüse*).

Besonderer Dank gilt F. W. Bernstein alias Fritz Weigle, der drei Beispiele aus der seit fünfzehn Jahren währenden Sonntagsgruß-Fax-Korrespondenz mit Eugen Egner zur Verfügung stellte; das Plakat *Bernsteins Baumarkt* entstand 1998 zu seinem 60. Geburtstag (typographische Gestaltung: Friedrich Forssman).

Dank auch an Bernd Rauschenbach sowie Christoph Hofmann, die Scans ihrer Egner-Gemälde anfertigten.

Alle bildnerischen Arbeiten erscheinen mit freundlicher Genehmigung des Künstlers.

H. A.

Publikationsliste

1971 Erste Comic-Veröffentlichung in ›HörZu‹.

1983 Bis 1990 Bildergeschichten für ›Die Sendung mit der Maus‹.

1986 *Als die Erlkönige sich Freiheiten herausnahmen* (Bildband, Sisyphos Verlag); Prosa-Miniaturen im WDR (gesprochen von Günter Dybus).

1987 Veröffentlichungen im Literaturmagazin ›Der Rabe‹; Umschlagillustrationen für den Haffmans Verlag; Prosa-Miniaturen und Hörspiele im WDR; bis 1989 Zeichnungen und Prosa-Miniaturen im ›Diners Club Magazin‹, Wien; bis 1993 Texte und Cartoons in ›Kowalski‹.

1989 Cartoons in ›Titanic‹ (bis heute).

1991 *Aus dem Tagebuch eines Trinkers – Das letzte Jahr* (Haffmans); *Glücklich ist, wer vergißt, daß er nicht zu retten ist* (Cartoons, Semmel Verlach).

1992 *Als der Weihnachtsmann eine Frau war und andere erstaunliche Geschichten* (Haffmans); *Der künstliche Mann* (Bildergeschichte, Haffmans); *Das Blöken der Blumen* (Cartoons, Semmel Verlach); *Meisterwerke der grauen Periode* (Bilder und Prosa, Verlag Weisser Stein).

1993 *Der Universums-Stulp* (Roman, Haffmans).

1994 *Phrenesie-Album* (Bildband, Verlag Weisser Stein).

1996 *Getaufte Hausschuhe und Katzen mit Blumenmuster* (Prosa, Reclam Leipzig); *Was geschah mit der Pygmac-Expedition?* (Novelle, Weisser Stein).

1997 *Das Huhn und die Tänzerin* (Texte zu Bildern von Michael Sowa, zusammen mit F. W. Bernstein und Gerd Haucke, Rowohlt).

1998 *Die Tagebücher des W. A. Mozart* (Haffmans).

1999 *Androiden auf Milchbasis* (Roman, Haffmans).

2000 *Der Notfall erfordert alles* (Erzählung, Wehrhahn).

2001 *Die Eisenberg-Konstante* (Erzählungen, Haffmans); *Aus der Welt der Menschen* (Gesammelte Prosa und Bildergeschichten, Zweitausendeins); *Androids from Milk* (übersetzt von Mike Mitchell, Dedalus).

2002 *Die Durchführung des Luftraums* (Prosa, Zweitausendeins); *Aus dem Ta-*

gebuch eines Trinkers und andere Texte (CD, gesprochen von Harry Rowohlt und Eugen Egner, Zweitausendeins).

2003 *Gift Gottes* (Erzählungen, Zweitausendeins); *Der Notfall erfordert alles* (Hörspiel, WDR).

2004 *Darwins Lücke* (Hörspiel, WDR).

2005 *Die Tagebücher des W. A. Mozart* (CD, gesprochen von Herbert Feuerstein, Random House); *Als der Weihnachtsmann eine Frau war* (Erzählung, illustriert von Rudi Hurzlmeier und Michael Sowa, Zweitausendeins).

2006 *Das Schattenfräulein* (Hörspiel, WDR); *Was macht eigentlich Harry Absolut?* (Hörspiel, WDR).

2007 *Nach Hause* (Erzählungen, Zweitausendeins).

2008 *Schmutz* (Erzählungen, kuk / Edition Phantasia); Kingsley Amis: *Anständig trinken* (illustriert von Eugen Egner, Rogner & Bernhard); *Olga La Fong* (Hörspiel, WDR); *Shuk* (Hörspiel, WDR).

2009 *Die Beseitigung* (Hörspiel, WDR); *Die Traumdüse* (Gesammelte Kolumnen aus der ›taz‹; kuk / Edition Phantasia); *Egners bunte Welt des Frohsinns* (Gesammelte Cartoons, Monsenstein & Vannerdat).

2011 *Schnölb!* (Prosa und Bilder, Eichborn); *Alles kommt wieder* (Hörspiel, WDR).

Außerdem Texte und Cartoons in zahlreichen Anthologien sowie in ›Zeit‹, ›Zeit-Magazin‹, ›Frankfurter Rundschau‹, ›Junge Welt‹, ›Rolling Stone‹, ›Eulenspiegel‹; heute vor allem in der ›taz‹ (seit 1996), ›Berliner Zeitung‹ (seit 2001), ›Frankfurter Allgemeinen Sonntagszeitung‹ (seit 2006).

»Mutter! Hier sitzt auch einer!«